D1878629

भोजपुरी पंक्तिपावन कलाएँ

BHOJPURI PAṆKTIPĀVAN ARTS

भोजपुरी पंक्तिपावन कलाएँ

(एक परिचय)

आलेखन : प्रेमप्रकाश पाण्डेय

आरेखन : हेमलता पाण्डेय

KALPAZ

BHOJPURI PAṆKTIPĀVAN ARTS

(An Introduction)

Author : Prem Prakash Pandey
Artist : Hemlata Pandey

KALPAZ

Bhojpuri Paṇktipāvan Arts (An Introduction)

Rs. 1500 $ 60

© Prem Prakash Pandey, Hemlata Pandey

ISBN: 978-81-7835-755-3

All rights reserved. No Part of this book may be reproduced in any manner without written permission.

Published in 2009 in India by
Kalpaz Publications
C-30, Satyawati Nagar,
Delhi-110052
E-mail: kalpaz@hotmail.com
Phone : 9212729499

Lasser Type Setting by: Quick Media, Delhi
Printed at : G. Print Process, Delhi

(1924-2003)

आदरणीया माता
श्रीमती किशोरी देवी

Venarable Mother
Smt. Kishori Devi

जिसने हृदय-मन-मेदिनी पर
संस्कृति-कला के बीज बोए।
साहित्य-लोक-संगीत जल से
सींच बढ़ते पौध जोए ।। 1 ।।

ममता-दया की मूर्तिमय
माता किशोरी के चरण में
उस कल्पतरु के पुष्पफल का
आज अर्पण भाव मन में ।। 2 ।।

Who sowed the seed of culture & art
In the field of my mind & heart
Who planted a young plant with
Essence of folk-literature & music ||1||

Today the feeling of dedication
The fruit of the divine tree
In the honour of my Mother Kishori
The image of affection & kindness ||2||

श्री गणेश (LORD GAṆEŚA)

त्वमेव सर्वं खल्विदं ब्रह्मासि।
(श्रीगणपति अथर्वशीर्ष)

Tvameva Sarvaṃ Khalvidaṃ Brahmāsi.
(Śri Gaṇapati Atharvasheersa)

यह समस्त जगत जो है,
यह तुम ही ब्रह्मस्वरूप है।

All this Universe is you
In the form of Brahma.

सूर्य देव God Sun

त्वं भानो जगतश्चक्षुस्त्वमात्मा सर्वदेहिनाम् ।
त्वं योनिः सर्वभूतानां त्वमाचारः क्रियावताम् ।।
(महाभारत/वनपर्व/अरण्यपर्व/3/36)

Tvaṃ Bhāno Jagatṣhchakṣustvamātamā Sarvadehinām
Tvaṃ Yonih Sarvabhutānāṃ Tvamāchārah Kriyāvatām.

(Mahābhārata / Vanaparva / Araṇyaparva / 3 / 36)

हे सूर्यदेव! आप सम्पूर्ण जगत् के नेत्र तथा समस्त प्राणियों की आत्मा हैं। आप ही सब जीवों के उत्पत्ति-स्थान और कर्मानुष्ठान में लगे हुए पुरुषों के सदाचार हैं।

O God Sun ! you are the Eye of Cosmos and Soul of all the organism. You are the origin of all life-forms and the behaviour-pattern of those in action.

अनुक्रम

Contents

अनुक्रम	पृष्ठ	Contents
समर्पण	3	*Dedication*
श्री गणेश	5	*Lord Gaṇeśa*
सूर्य देव	7	*God Sun*
फलक-सूची (श्वेत-श्याम)	10	*List of Plates (Black & White)*
फलक-सूची (रंगीन)	11	*List of Plates (Coloured)*
कलासंबोध	15	*Concept of Art*
अग्रलेख	17	*Prologue*
आमुख	21	*Preamble*
आभार	29	*Gratitude*
भोजपुरी पंक्तिपावन कलाएँ	39	Bhojpuri Paṇktipāvana Arts
1. चउकपूरन (भूमिचित्र)	46	**1.** *Chauk Pūran* (Floor pattern)
(क) पूर्णिमा चउक	47	(a) *Pūrṇimā Chauk*
(ख) एकादशी चउक	48	(b) *Ekādaśi Chauk*
2. लिखनी (भित्तिचित्र)	50	**2.** *Likhanī* (Wall decoration or Fresco)
3. जनेऊ अइंठन या यज्ञोपवीत कला	52	**3.** *Janeu-ainṭhan* or *Yagyopavīta* Art
3.1 कपास से जनेऊ या यज्ञोपवीत की प्रक्रिया	53	3.1 Process of Making *Yagyopavīta* or *Janeu* from cotton thread
3.2 जनेऊ या यज्ञोपवीत से त्रि-आयामीय आकृतियों तक की प्रक्रिया	55	3.2 Process of Making three Dimensional patterns with the *Janeu*
3.3 आकृतियों का संग्रह, उपयोग एवं वितरण	59	3.3 Collection, Use and Distribution of Patterns
4. थोपा कला	60	**4.** *Thopā* Art
लोककलाओं के लुप्तीकरण के कारक	65	Causes of Disappearing Folk Arts
उपसंहार	67	Conclusion
संदर्भ	68	References
रंगीन चित्रावली	72	Colour Photographs
परिशिष्ट-I चउकपूरन भूमिचित्र तंडुलकुसुमवलिविकाराः	73	Appendix-I Floor Pattern
परिशिष्ट-II लिखनी भित्तिचित्र आलेख्य	79	Appendix-II Fresco
परिशिष्ट-III जनेऊ अइंठन यज्ञोपवीतकला सूत्रक्रीड़ा	93	Appendix-III Sacred Thread Work
परिशिष्ट-IV थोपा कला विशेषक पत्रकच्छेद्यम्	105	Appendix-IV Paper Cutting for Body Decoration (Stencilling)
परिशिष्ट-V साक्षात्कार, प्रदर्शनी एवं शोधप्रपत्र वाचन	113	Appendix-V Interview, Exhibition and Research Paper Presentation
परिशिष्ट-VI पंक्तिपावन ग्राम-सूची	125	Appendix VI List of *Paṇktipāvan* Villages
परिशिष्ट-VII कलाओं की सूची	133	Appendix VII List of Arts
परिशिष्ट-VIII विशद विदुत-अभिमत	143	Appendix VIII Eminent Scholars Opinions
अनुक्रमणिका	151	Index

फलक-सूची (श्वेत-श्याम)

फलक 1 : शोधक्षेत्र की भौगौलिक स्थिति 43

फलक 2 : कार्तिकी पूर्णिमाचउक (काग़ज़ पर) 48

फलक 3 : कार्तिकी एकादशीचउक (काग़ज़ पर) 49

फलक 4 : पंक्तिपावन कोहबर (काग़ज़ पर) 51

फलक 5 : कलाकर्त्री श्रीमती किशोरी देवी 53

फलक 6 : ज्यामितीय आकृति 55

फलक 7 : जनेऊ की जलेबी एवं इमरती (एक प्रकार की मिठाई) 56

फलक 8 : विभिन्न आकृतियाँ 57

फलक 9 : विभिन्न आकृतियाँ 58

फलक 10 : नवदम्पति (रिक्शा में) 59

फलक 11 : पत्तियों वाला थोपा 63

फलक 12 : गोल पत्तियों वाला थोपा 64

फलक 13 : सिंधोरा (सिन्दूरदान) 65

फलक 14 : पटिया थोपा से वधु का श्रृंगार 66

फलक 15 : (क) भोजपत्र से बना थोपा 66

फलक 15 : (ख) भोजपत्र थोपा काटती हेमलता पाण्डेय 66

List of Plates (Black & White)

Plate 1 : Geographical Location of Research Area

Plate 2 : *Kārtīkī* Full Moon Day Floor Pattern (on paper)

Plate 3 : *Kārtīkī Ekādaśi* (Lunar Eleventh Day)Floor Pattern (on paper)

Plate 4 : *Paṇktipāvan Kohabar* (on paper)

Plate 5 : Artist Smt. Kishori Devi

Plate 6 : Geometric Shapes

Plate 7 : *Jalebi* and *Emarati* of Sacred Thread (A kind of sweet meal)

Plate 8 : Multi Shapes

Plate 9 : Multi Shapes

Plate 10 : New Couple (In Rikshaw)

Plate 11 : Multi Petals *Thopā*

Plate 12 : Round Petals *Thopā*

Plate 13 : Vermilion Box (Vanity case)

Plate 14 : Bride's Head Decoration (*Paṭiyā Thopā*)

Plate 15a : *Thopā* made with *Bhoja Patra*

Plate 15b : Preparation of *Bhoja Patrā Thopā* by Hemlata Pandey

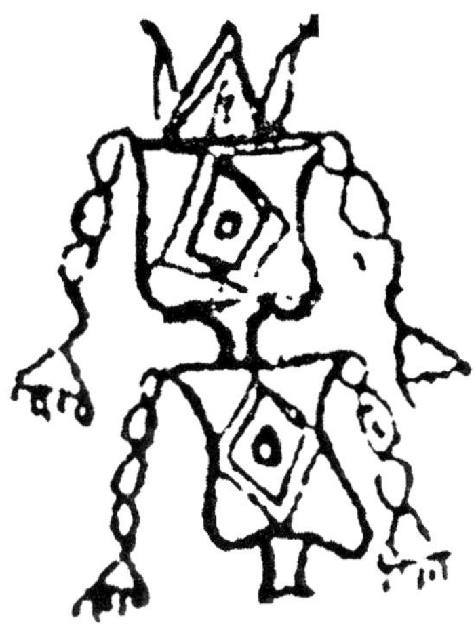

फलक-सूची (रंगीन)

फलक 1 : कार्तिकी पूर्णिमा, काग़ज़ पर 75

फलक 2 : कार्तिकी एकादशी, काग़ज़ पर 76

फलक 3 : अठदल, काग़ज़ पर 77

फलक 4 : कुश बढ़ाँव, काग़ज़ पर 78

फलक 5 : **पुतरा लिखनी :** शिशु के जन्म के समय सउरीघर (जिस घर में बच्चे का जन्म होता है) के द्वार के दोनों ओर बनाई जानेवाली आकृति। इस आकृति में चार शिशुओं को दर्शाने का अर्थ है कि राम, लक्ष्मण, भरत और शत्रुघ्न सरीखे चार सुपुत्र इस घर में जन्म लें। इस आकृति को काजल से ही बनाते हैं। इसका अर्थ है कि सउरीघर में आनेवाली किसी महिला की यदि कुदृष्टि पड़े तो वह निष्फल हो जाए। द्वार के दोनों ओर सुलगते उपले रखे जाते हैं। यह आग दुरात्माओं से शिशु की रक्षा करती है। 81

फलक 6 : पंक्तिपावन कोहबर 82

फलक 7 : करवागौर (करवाचौथ) 83

फलक 8 : पीड़िया (रुद्रव्रत) 84

फलक 9 : पीड़िया (रुद्रव्रत) नई पीढ़ी 85

फलक 10 : अनेक दुर्गा, विश्लेषक : डॉ. चन्द्रमौलि शुक्ल 86

फलक 11 : पिड़िया (रुद्रव्रत) दीवार पर 87

फलक 12 : नागपंचमी (दीवार पर) 88

फलक 13 : काली एवं दुर्गा (दीवार पर) 89

फलक 14 : अष्टभुजा (दीवार पर) 90

फलक 15 : नौ दुर्गा एवं अनेक देवता (दीवार पर) 91

फलक 16 : कोहबर (दीवार पर) 92

फलक 17 : सत्तर दल 95

फलक 18 : अनेक आकृतियाँ (गोल, चौकोर, पान, नाव और मछली) 96

List of Plates (Coloured)

Plate 1 : *Kartiki* Full-Moon Day, on paper

Plate 2 : *Kartiki* Lunar Eleventh Day

Plate 3 : Octopetal Lotus

Plate 4 : [*Kush* (Grass) Extention]

Plate 5 : **Doll Fresco**: A fresco drawn on either sides of doors of Labour room. There are four male babies, each two drawn on both the sides of doors. It denotes as this labour room should so auspicious and have four male babies one by one like Lord *Rama*, *Laxmana*, *Bharata* and *Satrughana*. There are dry cow dung having fire on both of the sides of doors. This fire protects the baby from ill spirits.

Plate 6 : *Paṇktipāvan Kohabar*

Plate 7 : *Karvā Gaur* (Karvachouth)

Plate 8 : *Piḍiyā* (Fast for Lord Śhiva)

Plate 9 : *Piḍiyā* (Fast for Lord Śhiva), New Generation

Plate 10 : Multi *Durga*, Explanation by Dr. Chandra Mauli Shukla

Plate 11 : *Piḍiyā* (Fast for Lord Śhiva) on wall

Plate 12 : *Nagpanchami* (On wall)

Plate 13 : *Kāli* & *Durga* (On wall)

Plate 14 : Eight-armed Durgā (On wall)

Plate 15 : Nine Durgā and many Gods (On wall)

Plate 16 : *Kohabar* (On wall)

Plate 17 : Seventy Petals

Plate 18 : Many Shapes (Round, Square, Betel Leaf, Boat & Fish)

फलक 19 : पाँच गोल आकृतियाँ। बीच में दो इलायची 97

फलक 20 : (क) तनासहित कपास के चार फूल 98

फलक 20 : (ख) रूई की पूनी, सूतसहित टिकुरी (तकली) और डोकिया 98

फलक 21 : पंखा (साथ में जनेऊ कातने के उपकरण क्रमशः डोकिया, पूनी, टिकुरी और चुनौटी) 99

फलक 22 : त्रि-आयामीय देवाधिदेव गणेश (झाँपीसहित) 100

फलक 23 : आधी इलायची में एक जनेऊ 101

फलक 24 : इलायची में एक जनेऊ 101

फलक 25 : सूत कातना और जनेऊ बनाना 102

फलक 26 : जनेऊ बनाना और रखना 103

फलक 27 : भोजपत्र पर काटी गई आकृतियाँ 107

फलक 28 : साधारण काग़ज़ पर काटी गई अनेक आकृतियाँ 108

फलक 29 : (क) काठ का बना सिन्दूरदान (खुली स्थिति में) 109

फलक 29 : (ख) काठ का बना 'सिंधोरा' (सिन्दूरदान बन्द स्थिति में) 109

फलक 30 : थोपाशृंगार सहित नववधुएँ 110

फलक 31 : थोपाशृंगार, भोजपत्र-थोपा, सिंधोरा एवं पत्रावली थोपा 111

फलक 32 : गीतों एवं कलाओं की कुशल गायिकाएँ एवं चितेरिन 115

फलक 33 : नववधू एवं वरिष्ठ महिला बाला दीदी से साक्षात्कार 116

फलक 34 : प्रदर्शनी (4-6 अप्रैल, 2006, दादोजी कोंडे स्टेडियम, ठाणे, मुम्बई), चितेरी 117

फलक 35 : प्रदर्शनी (12-13 अपैल, 1997, मावलंकर हाल, नई दिल्ली) लेखक, सुश्री अंजलि एवं चितेरी 118

फलक 36 : (क) लेखक द्वारा स्लाइडसहित शोधप्रपत्र, "लुप्त होती पंक्तिपावन लोककलाएँः चउकपूरन एवं लिखनी" की प्रस्तुति 119

मंच पर : (बायें से) श्री जगन्नाथ त्रिपाठी, प्रोफ़ेसर रामदेव शुक्ल एवं प्रोफ़ेसर विश्वनाथ प्रसाद तिवारी

Plate 19 : Five Round Shapes with two Cardamoms in the Middle

Plate 20 : (A) Four Cotton Flowers with Stem.

Plate 20 : (B) Combed cotton, Bobbin with thread and big Wooden bowl

Plate 21 : Fan (With Instruments for preparation of sacred thread, Wooden bowl, combed cotton, Bobbin and Small bowl with Dry Lime Powder respectively).

Plate 22 : Three Dimentional Lord *Gaṇeśa* (with a Grass-made Round Box)

Plate 23 : A Janeu (Sacred Thread) tied with a Half cardamom

Plate 24 : A *Janeu* tied with a cardamom

Plate 25 : Preparation of Thread and Sacred Thread

Plate 26 : Preparation and Keeping of Sacred Thread

Plate 27 : Cut Designs on *BHOJA* Leaf

Plate 28 : So many Cut Designs on simple paper

Plate 29 : (A) Vermillion boxes (In open position)

Plate 29 : (B) Wooden vermillion boxes (In closed position)

Plate 30 : Brides with *Thopā* decoration

Plate 31 : *Thopā* decoration, *Bhoja Leaf-Thopā*, Vermillion Box and Plain Paper Thopā

Plate 32 : Expert Singers & Artists of Songs and Arts

Plate 33 : Interview with Bride and a Senior Lady Sister Bala

Plate 34 : Exhibition (4-6 April, 2006, Dadoji Kode Stadium, Thane, Mumbai), Artist

Plate 35 : Exhibition (12-13 April, 1997, Mawalankar Hall, New Delhi), Author, Miss Anjali and Artist

Plate 36 : (A)Author's Research Paper, "Vanishing *Paṇktipāvan* Folk Arts: Floor Pattern and Fresco" presentation with slides

On Dais : (From left) Shri Jagannath Tripathi, Professor Ramdeo Shukla and Professor Viswanath Prasad Tiwari

फलक 36 : (ख) प्रोफ़ेसर रामदेव शुक्ल द्वारा प्रस्तुत शोध-प्रपत्र, "भोजपुरी लोकगीतों में सौंदर्य-बोध" की प्रस्तुति मंच पर : प्रोफ़ेसर विश्वनाथ प्रसाद तिवारी एवं लेखक अवसर : द्वितीय विश्व भोजपुरी सम्मेलन (24-29 फ़रवरी, 2000), महात्मा गाँधी संस्थान, मॉरिशस गणराज्य	119	*Plate 36 :* (B) Research paper on "*Bhojpuri Lok Geeton mein Saundarya bodh*", (Perception of Beauty in Bhojpuri Songs), a presentation by Professor Ramdeo Shukla *On Dais :* Professor Viswanath Prasad Tiwari and Author *Occasion :* Second Bhojpuri Convention (24-29 February, 2000) Mahatma Gandhi Institute, Republic of Mauritius
फलक 37 : लेखक द्वारा प्रस्तुत शोधप्रपत्र, "पंक्तिपावन कला में धर्म, देवता एवं प्रतीक : एक समाज वैज्ञानिक आकलन" की प्रस्तुति *अवसर :* धर्म एवं आधुनिकता पर अन्तर्राष्ट्रीय अन्तर्विश्वास संगोष्ठी(4-6 नवम्बर, 2006), महात्मा गाँधी काशी विद्यापीठ वाराणसी, (भारत)	120	*Plate 37 :* Author's presentation of a Research Paper, "Dharma, God and Symbols in *Paṇktipāvan Arts*: A Sociological Reckoning" *Occasion :* International Interfaith Congress on Religion and Modern Civilization (4-6 November, 2006), Mahatma Gandhi Kashi Vidyapith, Varanasi (India)
फलक 38 : (क) लेखक द्वारा बतकही, "भोजपुरी लोक परम्परा : अपसंस्कृति आ अश्लीलता के चुनौती" का संचालन	121	*Plate 38 :* (A) Author's conduction of the Session, "Bhojpuri Folk Tradition: Challenge to Mal-culture and obscenity"
फलक 38 : (ख) मंचासीन (बायें से) प्रोफ़ेसर वागीश शुक्ल (अध्यक्ष,) डॉ राजेन्द्र प्रसाद पाण्डेय (मुख्य अतिथि), प्रोफ़ेसर राजेश्वर आचार्य (मुख्य वक्ता) एवं संचालक लेखक *अवसर :* विश्व भोजपुरी सम्मेलन का आठवाँ राष्ट्रीय सम्मेलन (4-6 अक्टूबर, 2007) स्वतंत्रता भवन, काशी हिन्दू विश्वविद्यालय, वाराणसी, भारत	121	*Plate 38:* (B) On Dais (From Left) Professor Wagish Shukla (Chairperson), Dr. Rajendra Pandey (Chief Guest), Professor Rajeshwar Acharya (Keynote Address) and the Conductor Author *Occasion :* World Bhojpuri Convention: 8th Natinal Conference (4-6 October, 2007), *Swatantrata Bhawan*, Banaras Hindu University, Varanasi, india
फलक 39 : सुहृद् एवं सहयोगी	122	*Plate 39 :* A Friend in Need; A Friend in Deed
फलक 40 : लेखक	123	*Plate 40 :* Author

कलासंबोध
Concept of Art

पंक्तिपावन कोहबर *Paṇktipāvan Kohabar*

शक्तो मूकोऽपि यत् कर्तुं कलासंज्ञं तु तत् स्मृतम्।
[जिसे एक मूक (गूँगा) भी कर सके उसे कला कहते हैं]

—श्री शुक्राचार्य

कला का मुख्य उद्देश्य सामाजिक-सार्वलौकिक बनना है।

—राधाकमल मुखर्जी

कला एक गहन समझ है।

—हर्बर्ट रीड

कला को अनुभूति की एक श्रेणी मानना चाहिए।

—डंकन

A thing which can be performed even by a dumb, is an Art.

—Sh. Śukrāchārya

The main aim of art is to become social-universal.

—Radha Kamal Mukherji

Art is a deep understanding.

—Herbert Read

Art must be recognized as a category of experience.

—Duncan

अग्रलेख

मानव विज्ञान में संस्कृति (कल्चर) की परिभाषा सूक्ष्मतम् रूप में आचार के अर्थ में ही की जाती रही है। कला एवं आचार का मूर्त प्रकटीकरण वस्तुतः किसी भी संस्कृति का मूर्त प्रकटीकरण है—अर्थात् संस्कृति का मूर्त-स्वरूप कला और आचार में ही देखा जा सकता है। लोक शब्द जोड़ने से लोककला और लोकाचार का संबोध प्रकट होता है। इनके अध्ययन से जीवन्त लोकसंस्कृति अथवा लोकसंस्कृति के मूर्त स्वरूप को जाना जा सकता है। लोककलाओं तथा लोकाचारों के लुप्त होने से लोकसंस्कृति लुप्त होने लगती है। इनके स्वरूप भेद से संस्कृतियों में भेद स्पष्ट होता है।

नगरीय संस्कृति भी कला और आचार के संयोग से बनी है। लेकिन यह नगरीय संस्कृति भौतिक मूल्यों से सतत प्रभावित होती रही है। नगरीकरण, औद्योगिकीकरण, आधुनिकीकरण और मशीनीकरण आदि सामाजिक प्रक्रियाओं के कारण कला और आचार में स्वरूप भेद एवं मूल्य भेद होता रहा है।

प्रस्तुत अध्ययन में चुनी गई प्राचीन कलाएँ आज भी नई विधाओं और नये सौन्दर्यबोध के साधनों के किसी न किसी रूप में विद्यमान हैं। 'यज्ञोपवीत कला' प्रायः अपवाद और अनूठी है। किन्तु यदि धागे की कला को देखें तो नाना प्रकार के धागों की कला मालाओं और झोलों के रूप में बाजार में आती रही है। यह सच है कि इन धागों और यज्ञोपवीत के धागों की आत्मा एक नहीं है। यह अन्तर विश्वास और भावनाओं का है। कला की नाना-रूपता (मल्टी शेपनेस या मल्टी फार्मनेस) तथा प्रयोगात्मकता (यूटिलिटेरियन वैल्यूनेस) के आधार पर कहा जा सकता है कि आधुनिक धागों की कला प्राचीन यज्ञोपवीत कला से अधिक व्यापक

Prologue

A definition of culture in anthropological contexts can only be given in terms of lifestyle. The symbolic presentation of arts and aesthetics really represents culture i.e., culture in its vivid form is manifested in arts. Viewed at the societal level, this brings to the fore expressions of folk arts. The study of these subjects can give us an insight into the vivid folk culture. Vanishing nature of folk-arts and folk-theatere leads to extinction of such culture. Due to difference in their forms, cultures seem to have different hues.

The urban culture also is a blend of arts and conduct. But this culture is always under the influence of material values. Social phenomena like urbanization, industrialization, modernization and mechanization have resulted in various cultures, their art forms and values.

The ancient arts selected for the present study continue to be present in new styles and aesthetics in one form or the other. The '*Yagyopaveetkalā*' (the art centred around the *yagyopaveet*) is exceptional and unique. Diverse forms of artistic work of yarn have been in circulation through the market in the form of wreaths and bags. It is true that the soul of the common yarns and yarns of the *yagyopaveet* are not the same. The difference arises from faith and spirits. The pleiomorphic nature and utilitarian value arts suggest that arts of

एवं विकसित है। फिर भी सांस्कृतिक धरोहर के रूप में यज्ञोपवीत कला या फिर चौकपूरन कला, भित्तिचित्र कला और थोपा कला का अध्ययन अत्यन्त श्रेयस्कर और आवश्यक है।

modern yarns is more ubiquitous than the ancient *yagyopaveetkala*. The latter nevertheless is worthy of study along with such other arts as floor pattern, fresco and paper cutting as a cultural heritage.

आचार एवं मूल्य विशेष से प्रभावित कला में नये भौतिकवादी आचार एवं मूल्य के परिवर्तन से परिवर्तन आता ही है। आज आधुनिकीकरण ने मानव जीवन के प्रत्येक क्षेत्र (विशेषकर दर्शन और आचार) को प्रचंड रूप से प्रभावित किया है। मानवविज्ञान और सांस्कृतिक समाजविज्ञान की दृष्टि से मानवीय मूल्यों की ग्रंन्थियों के विश्लेषण के लिए यह अध्ययन महत्वपूर्ण है।

Change in the arts is inevitable under influence of changing materialistic lifestyle and modernization has severely influenced every sphere of human life, particularly lifestyle and philosophy. The present study assumes significance for the analysis of the maze of human values from the viewpoint of anthropology and cultural sociology.

संस्कृति जितने ही वेग से गतिशील होगी, कला को जीवन्त होने के लिए उसी अनुपात में गतिशील होना होगा। ऐसा न होने से सहगति (सिनक्रोनाइज़ेसन) की स्थिति नहीं बन पायेगी। साथ ही संस्कृति जितनी इहलौकिक या पारलौकिक होगी, कला को सजीव होने के लिए उसी मूल्य के अनुरूप अपने को ढालना होगा।

Arts must keep pace with culture in order to keep its vividness. Else it will not be in syncronization with the demands of the situation. Also arts would have to mould themselves according to the prevalent materialistic and spiritual culture.

संस्कृति में आचार-विचार की गहराई जितनी बढ़ेगी, कला की संकुलता की गहराई भी उसी मात्रा में बढ़ती जायेगी। भौतिकवादी सामाजिक प्रक्रियाओं के कारण किसी भी संस्कृति की नैसर्गिक विपन्नता जितनी बढ़ेगी, कला भी उसी अनुपात में अपने नैसर्गिक ऐश्वर्यों से हीन होती जायेगी।

As the operational and intellectual depth of the culture increases, so will the depth of arts. The divine glory of arts deteriorates if the culture becomes deviod of divine sense due to increasing materialistic outlook of life.

इन अवधारणाओं से यह स्पष्ट होता है कि लोककला तथा लोकाचार का सम्बन्ध मार्मिक एवं अन्योन्याश्रित है। किसी संस्कृति को पूर्णरूपेण समझने के लिए इन पक्षों को समझना आवश्यक है।

It is clear from these considerations that the relationship of folk art and lifestyle is quite substantive and dependent on diverse factors. It is necessary to understand these aspects in order to get an understanding of any culture.

मुझे यह सम्पूर्ण अध्ययन अच्छा, आवश्यक

I find this entire study very nice,

और समयानुकूल लगा है। धरोहर के रूप में यह अध्ययन एक महत्त्वपूर्ण अध्ययन है।

—वैद्यनाथ सरस्वती
निदेशक
एन. के. बोस मेमोरियल फ़ाउंडेसन
वाराणसी 221012

महाशिवरात्रि, विक्रमी संवत् 2064
6 मार्च, 2008

necessary and timely. It is an important study on heritage.

—Baidyanath Saraswati
Director
N.K. Bose Memorial Foundation
Varanasi 221012

Mahashivara:tri, Vikhramī: Sāmbata, 2064
6 March, 2008

आमुख

संस्कृति एक संबोध (कांसेप्ट) है। इसे किसी वस्तु (ऑब्जेक्ट) की तरह उठाकर हम मेज या 'शोकेस' में रखकर उसका दरस-परस (अवलोकन) नहीं कर सकते हैं। इस अर्थ में संस्कृति अमूर्तता का गुण लिए होती है। अमूर्तता का आकलन मानसिक स्तर पर ही सम्भव होता है। इस अर्थ में संस्कृति विशेष का आकलन करते समय लोक वाङ्मय जहाँ अन्य-अनेक तरह से सहायक होता है, वहीं संस्कृति विशेष की कलाएँ उस 'संस्कृति रूपी नायिका' के नख-शिख का सजीव चित्रण करती हैं और उसके गीत उसकी (संस्कृति की) मानसिक वृत्तियों की परिपक्वता का परिचय कराते हैं। अतः लोककलाएँ एवं लोकगीत उस लोकसंस्कृति विशेष के मूर्तमान स्वरूप और आचार को प्रकट कर देने की क्षमता रखते हैं। इस प्रकार लोकसंस्कृति रूपी नायिका के शारीरिक सौष्ठव का आकलन लोककलाओं से और मानसिक परिपक्वता का आकलन लोकगीतों से किया जा सकता है। दूसरे शब्दों में इस नायिका (संस्कृति) का प्रतिबिम्ब कला एवं गीत रूपी आरसी (दर्पण) में प्रतिबिम्बत होता है। दर्पण दो वस्तुओं का योग है। एक समतल शीशा और दूसरा इस शीशे के एक ओर लगा एक लेप। यह लेप पारा और सिंदूर का एक निश्चित अनुपात में बनाया गया मेल (यौगिक) होता है। तो, इस अर्थ में लोककलाओं और लोकगीतों का योग ही वह दर्पण है, जिसमें संस्कृति-नायिका अपना रूप निरखती-निहारती है और उसका प्रतिबिम्ब उभरता है। एक और अर्थ में लोककलाएँ एवं लोकगीत संस्कृति विशेष के संकेतक (इन्डिकेटर) होते हैं। संस्कृति विशेष कितनी गहन एवं समृद्ध है, इसका ज्ञान-अनुमान उसकी कलाओं एवं गीतों से सहज रूप में पाया-लगाया जा

Preamble

Culture is a concept. It cannot be visualized like an object placed on a table or in a showcase. In this sense, culture carries the merit of formlessness. Formlessness can be appreciated only at intellectual level. From this point of view, while colloquial vocabulary helps in many ways for a special appreciation of a particular culture, it is the folk arts that make a vivid depiction of this special character of culture form toe to top and the folk song reflects on the intellectual maturity of the culture. Thus, the folk arts and folk song bring out the form and convention of that culture. Thus, the physical beauty of this special character of a lady like culture can be appreciated through folk arts while the intellectual maturity can be assessed through the folk song. In other words, folk arts and folksong mirror the grace of a lady like culture. A mirror consists of two components; one is the plane glass while the other is the coating on one side of the glass. This coating is made of a combination (compound) of mercury and vermillion in a defined proportion. In this sense the compound of folk art and folk song creates a mirror reflecting the beautiful character of culture and bringsforth its image. In another sense, folk arts and folk songs are indicators of a particular culture. The depth and richness of a particular culture can be easily visualized through its arts and songs. The above

सकता है। अतः सूत्र स्वरूप यह सिद्ध होता है कि लोकसंस्कृति रूपी मुग्धा एवं अवगुंठिता नायिका के अंग-प्रत्यंग एवं आचार-विचार क्रमशः लोककलाएँ एवं लोकगीत ही है। आप कलाओं को देखकर और गीतों को सुनकर उस मुग्धानायिका (संस्कृति) को अपने मन-मस्तिष्क में उतार-सँवार सकते हैं। विशेष मान-मनुहार की आवश्कता ही नहीं होगी और वह धीरा-गंभीरा संस्कृति नायिका आपकी अपनी हो जायेगी। एक समर्पिता नायिका की तरह। आप संस्कृति विशेष की कलाओं को देखने और उसके गीतों को सुनने का मन तो बनाइये। फिर देखिए! संस्कृति विशेष किस तरह आपको अपने आग़ोश में भर लेती है।

लोककलाओं को बनाने के लिए प्रयुक्त किए गये कलाउपादान (आर्टमेटेरियल), कलाप्रकार (आर्टफार्मस) और प्रेरक-प्रतीक (मोटिव-सिम्बल) एवं लोकगीतों की रचनाधर्मिता के लिए प्रयोग में लाए गये शब्द-स्वर, भाव-विभाव, शब्दालंकार एवं अर्थालंकार (अनुप्रास, उपमा, यमक रूपक आदि एवं श्लेष, वक्रोक्ति, अन्योक्ति, अतिशयोक्ति, मानवीकरण आदि) का अपना एक ख़ास महत्त्व और मतलब (अभिप्राय) होता है। ये सब मिलकर प्राणी में एक सुभाव और सुसंस्कार भरते और उत्पन्न करते हैं। हम इनसे उपकृत और परिष्कृत होते हैं। हम सब इन कलाओं एवं गीतों के ऋणी भी हैं। चउकपूरन (भूमिचित्र), लिखनी (भित्तिचित्र), जनेऊ कला (यज्ञोपवीत कला) और थोपा कला (पत्रावली-शृंगार कला) आदि कलाएँ जहाँ हमारे सामाजिक अवसरों से जुड़-मिलकर हमारा समाजीकरण करती हैं, वहीं लोरी, सोहर, संस्कारगीत (मुंडन, जनेऊ और विवाहगीत), बारहमासा, कजरी और गारी (गाली) आदि गीत हमें दुलराते-सुलाते, जगाते-पुलकाते, हँसाते-रिझाते, अकुलाते-गुदगुदाते और शृंगार रस में डुबोते-नहलाते तथा अनुराग से ओत-प्रोत करते हैं। हमें सच्चे अर्थों में मनुष्य बनाते हैं।

इनके ऋण से उऋण होने का मात्र यही मार्ग है कि इन्हें हम प्रकाश में लाएँ और इन सबका

proves that each segment and their expression of the charming heroine (*sanskriti*) are the very folk arts and folk songs. One can sculpt and carve this charming heroine by staring at the arts and listening to the songs. Without any formal protocols or special efforts, this patienceful and gravity-oriented heroine will slowly and surely become your own, like a dedicated heroine. You will have to get the will to behold the arts and listen to the songs of a particular culture. Watch! how the culture takes you in her lap.

The art materials, the art forms, and motive symbols used for creating the folk arts and the words and sounds, the connotations, the figures of speech (the metaphors, the simile, the onomatopoeia, the allegory, the paranomasia, an oblique utternace or oxymoron, the hyperbole, the personification etc.) used to create the compositional style of the folk songs have a special significance and meaning. They instill in the living being good sense and cultural behaviour. We owe to them so much and are refined by them. We are indebted to these arts and songs. While art forms like '*Chowkpūran*' on floors, '*likhnī*' on walls, '*Janeu*' or '*Yagyopaveet Kalā*' on secred thread and '*Thopā kalā*' on paper for (body decoration) etc., help us socialise by fitting to the social occasions, the songs like '*lori*', '*sohar*', '*bārahmāsā*', '*kajarī*' and '*gārī*', etc., titillate, awaken, bathe us in pleasures of life, and fill us with the feeling of love. They make us the real human beings.

The only way to clear these debts is to bring them to light and give due respect

आदर-मान करें। इनका संग्रह और संचयन करें। लेखन-प्रलेखन करके तथा दृश्य एवं श्रव्य तकनीकों का उपयोग करके इन्हें जन-मन तक पहुँचाने का प्रयास करें।

to them. We should collect and preserve them. They should be brought to the know of common man through writings and audio-visual technique.

विश्रान्तिर्यऽस्य सम्भोगे साकला न कला मता।
लीयते परमानन्दे ययात्मा सा पराकला।।

(अज्ञात)

Vishrainryaasya Sambhoge Sāklā na Kalā Matā |
Leeyate Parmanānde yayātmā Sā Parākalā ||

(Unknown)

"... कला का लक्ष्य है आत्म स्वरूप का साक्षात्कार या परमतत्त्व की ओर उन्मुखीकरण। भोग में विश्रांति पाने वाली कला बंधन है, पर जिसका इशारा परमतत्त्व की ओर है, वही कला कला है"। (आचार्य हज़ारी प्रसाद द्विवेदी, *प्राचीन भारत के कलात्मक विनोद*/6/11)

"...The objective of art is to know one's inner self (*a:tmā:*) or to orient towards the ultimate being (*paramtatwa, parmātmā:*). The relaxed feeling of indulgence is not art; rather one indicating towards the *paramtatwa* is the real art" (Acharya Hazari Prasad Dwivedi, *Prāchīn Bhārat ke Kalātmak Vinod*/6/11).

शास्त्रों में चित्रकला का मूर्धन्य स्थान है। सूक्ति है, *"कलानां प्रवरं चित्रम्"*।

The traditions says that Painting Surmounts all the Arts. There is a saying *"Kalānāṃ Pravaraṃ chitraṃ"*.

प्राचीन भारतीय कला विभिन्न धार्मिक उद्देश्यों से अनुशासित होती आई है। जीवन का कोई भी पक्ष धर्मानुप्रेरणा से अलिप्त नहीं रहा। कण-कण में विराट् सत्ता के दर्शन करना-कराना भारतीय कलाकारों का अभीष्ट रहा है। भारतीय कला धार्मिक प्रेरकों से अनुशासित एवं अनुप्रेरित रही है। धर्म और लोककला में अन्योन्याश्रयी सम्बन्ध रहा है। भारतीय लोककला सदा से देवी-देवता, प्रतीकों, पशु-पक्षियों और लता-पेड़ से प्रभावित रही है। श्रीगणेश, ब्रह्मा, विष्णु, महेश, सरस्वती, लक्ष्मी, पार्वती, दुर्गा, अग्नि, सूर्य, चन्द्रमा तथा शंख, चक्र, गदा, पद्म, त्रिशूल, कमल और स्वस्तिक आदि का चित्रकला या फिर मूर्तिकला से सीधा सम्बन्ध रहा है। इसी तरह तोता, मोर, हंस और कबूतर भी भारतीय कला में यत्र-तत्र देखने को मिलते हैं। पौधों एवं पेड़ों में तुलसी, आम, अशोक, बाँस, पीपल तथा बरगद और अनेक लताओं का चित्रण सदा पाया गया है।

Ancient Indian art has been developed by various religious purposes. No facet of life was untouched by and induction of religion. To see and demonstrate the *parmātmā*: in all that exists has been the aspiration of Indian artists and that is why Indian arts have been inspired by various religious factors. Religion and art have been inseparable and interdependent manifestations of human mind. Indian folk art has always been influenced by gods-Goddesses, symbols, animals and birds, and creepers and trees. *Śri Gāṇeśa,Brahmā, Viṣṇu, Mahesh, Sarasvatī, Lakṣhmī, Pārvatī, Durgā, Agni, Sūrya, Chandramā, and Shaṅkha* (the conch), *Chakra, Gadā, Padma, Triśūl, Kamal* and *Swāstika*, etc., have been directly related to drawing, paintings or sculpture.

Likewise, the parrot, the peacock, the swan and the pigeon occur here and there in Indian art. The holy Basil Plant, Mango, *Ashoka*, Bamboo, *Pīpal* and *Bargad* among plants & trees and many climbers have quite often been depicted.

भारतीय चित्रकला का बहुमुखी विकास अजन्ता के भित्ति-चित्रों में परिलक्षित हुआ। ये चित्र भाव प्रधान रहे हैं। चित्रकला और अन्य अनेक ललित कलाओं की अपनी सामाजिक पृष्ठभूमि भी बहुत समृद्ध रही है। अनेक संस्कृतियों का देश होने के कारण भारत में इन कलाओं का व्यापक रूप रहा। यदि विभिन्न उप संस्कृतियों के कला प्रकारों में अनेक भिन्नताएँ रहीं तो अनेकानेक समताएँ भी रही हैं। इन विभिन्न संस्कृतियों की विभिन्न कलाओं का अध्ययन समय-समय पर अनेक आयामों के साथ होता रहा। किन्तु आज भी अनेक उप-संस्कृतियाँ और उनकी शाखाएँ ऐसी हैं जिनका अध्ययन नहीं के बराबर हुआ है या फिर उन्हें छुआ नहीं गया है।

The all round development of Indian arts is reflected in the wall paintings of Ajanta. These images have been quite expressive. Paintings and other fine arts have had a strong and rich soical background. India being a multi-cultural nation, these forms of arts have been omnipresent. If the diverse cultures have imparted different characteristics to these art forms, they also show many similarities and a continuum. Studies on these diverse cultures have been undertaken in perspective from time to time. Yet many branches of these cultures remain untouched by such efforts till date.

लगभग चार दशक पूर्व मधुबनी कला की भी यही स्थिति थी। कलाकार अपने आप में मगन रहते हुए तथा सांस्कृतिक विरासत को हस्तांतरित रूप में ग्रहण करते हुए अपनी प्रसन्नता और सामाजिक अवसर की भव्यता के लिए भित्तिचित्र बनाते रहे। डॉ. इन्दुप्रकाश पाण्डेय के आलेख, "लोकसाहित्य का समाजशास्त्रीय अध्ययन", (*चन्दन चौक,* सम्पादक डॉ. विद्यानिवास मिश्र, उत्तर प्रदेश संगीत नाटक अकादमी, लखनऊ 1989, पृष्ठ 19) के अनुसार जब मधुबनी से एक चित्र उछलकर यूनेस्को की एक सांस्कृतिक पत्रिका के मुख पृष्ठ पर छप गया तो वह मधुबनी कला के रूप में विश्वविख्यात हो गया। मुख पृष्ठ पर बने उस एक चित्र ने पश्चिमी कला प्रेमियों को झकझोरा। फलतः अनेक आयामों सहित इसका विशद अध्ययन प्रारम्भ हो गया। ऐसा ही कुछ गुजरात और महाराष्ट्र की रंगोली कला और पश्चिमी

About four decades back, the Madhubani art was in a similar untouched phase. The artists would express their happiness and solemnity of the social occasion by making wall paintings while keeping self-satiated and adopting the cultural heritage in the handed over form. Dr. Indu Prakash Pandey's essay on "Studies on Folk Literature" (*Chandan Chowk,* ed. Dr. Vidya Niwas Mishra, Uttar Pradesh Sangeet Natak Academy, Lucknow, 1989, p. 19) states that when a Madhubani figurine was placed on the cover of a UNESCO document, it became widely appreciated all over the world as a piece of Madhubani art. This single piece on the cover attracted like any thing the western lovers of art. As a result, it

बंगाल की अल्पना कला के साथ भी हुआ और इन कलाओं तथा कलाकारों की महत्ता और कुशलता को जाना और पहचाना गया।

लेखक संदर्भानुसार विदुषी शिवानी जी के भाव को उल्लेखित करने का मोह संवरण नहीं कर पा रहा है। फ़िल्म जगत के जाने माने निर्देशक श्री सत्यजीत रे को विशेष ऑस्कर पुरस्कार प्रदान किये जाने के अवसर पर उन्होंने लिखा था—"भारत, सर्वदा अपने रत्न-मणि को बड़ी देर-अबेर से पहचानता रहा है। भर्तृहरि की शतकत्रयी को हमने तब ठीक से पहचाना जब एक डच मिशनरी ने उसका अनुवाद कर विदेशों में धूम मचा दी। जर्मनी ने कालिदास को धन्यकवि—धन्यकवि कह टीका लिखा और सिर माथे लिया तो भारत चेता। रवीन्द्रनाथ की महिमा नोबल पुरस्कार ने द्विगुणित की। महर्षि रमण और विवेकानन्द तब हमें खरा सोना लगे जब विदेशी हालमार्क की मोहर लगी। रामानुजन् की विलक्षण गणित की प्रतिभा की चमक अनदेखी ही रह जाती यदि अनेक विदेशी पारखी हमें न चौंधियाते। यहाँ तक कि टी. एस. एलियट के उपनिषद् मोह ने हमारे अंग्रेज़ीदां भारतीय साहबों को भी धीरे-धीरे उसकी ओर आकर्षित कर ही दिया। ऐसे ही भारत ने इस बार भी अपने रत्न को तब पहचाना, जब विशेष 'ऑस्कर पुरस्कार' ने सत्यजीत रे का ललाट चंदन चर्चित किया।" (*साप्ताहिक हिन्दुस्तान पत्रिका*, 9-15 नवम्बर, 1992)।

इस दृष्टि से अनछुई और अनदेखी कलाओं और कृतियों तथा इनके कलाकारों और लेखकों का विस्तृत अध्ययन आवश्यक है। पंक्तिपावन समुदाय की लोककलाएँ, लोकाचार और लोकगीत भी अनछुई और अनदेखी अवस्था में हैं।

became a subject for detailed study the world over. Something similar happened with the *Rangolī* art of Gujarat and Maharashtra and the *Alpanā* art of West Bengal and the importance of those arts and the artists got recognised and known.

In this context, it is difficult to resist citing the expressions of the learned Shivani. On the occasion of presentation of Special Oscar Award to the renowned film director Shri Satyajit Ray, she wrote, "India recognises its own gems after a long watching. We recognised Bhartrihari's all three hundred *Slokas*' work when a Dutch was making waves with the help of its translation. Kalidas was first recognised in Germany before we woke up to accept his accomplishments. The greatness of Rabindranath was magnified by the Nobel Prize. The golden sheen of Maharshi Raman and Vivekananda were accepted by us only after they had a massive following in the West. We would have missed Ramanujan's distinction as a mathematician, had it not been for the foreign scholars who admired his new lights. The obsession of T.S. Eliot with *Upanishadas* did lead to many a pro-English Indians towards these books. Similarly, this time again, India has recognised its gem when the Special Oscar Award is being conferred on Satyajit Ray". (*Weekly Hindustan* Magazine, 9-15 November, 1992).

From this point of view, it is necessary to make detailed study of more untouched and unseen arts and works and their creators. The folk arts, living and songs of the *Paṇktipāvan* community also remain untouched and unexhibited.

बात सन् 1980 के आस-पास की है। इस पुस्तक का लेखक अपने पीएच.डी. शोध के दौरान पूर्वी उत्तर प्रदेश के उत्तरांचल के ज़िलों एवं इनके गाँवों का शैक्षणिक भ्रमण कर रहा था। उसके शोध का विषय था, "दिल्ली महानगर की ओर आप्रवास : पूर्वी उत्तर प्रदेश से आप्रवासित श्रमिकों के पारिवारिक जीवन का समाजवैज्ञानिक अध्ययन"। शोधकर्ता ने आवश्यक आँकड़े एकत्रित किये और विषय के अनुरूप उनका विश्लेषण करके अपने शोधप्रबन्ध को पूरा किया। यह वर्ष था सन् 1983। इसी वर्ष उसे उपाधि भी मिली।

It was around 1980, when the author of this book during his doctoral research field work was touring the villages of northern part of Eastern Uttar Pradesh. The topic of this research was "A Sociological Study of Family Life of Migrant Labourers from Eastern Uttar Pradesh to metropolitan Delhi". The required data was collected and analyzed according to the proposed objectives of the thesis. Finally, he got his Ph.D. degree in 1983.

उपर्युक्त शैक्षणिक भ्रमण के समय शोधकर्ता ने पाया था कि इस वृहद क्षेत्र विशेष में एक समुदाय विशेष है, जिसे पंक्तिपावन समुदाय के रूप में जाना जाता है। इस समुदाय के लोग वर्णव्यवस्था के प्रथम सोपान की श्रेणी में आते हैं, और ये ब्राह्मण हैं। साथ ही इनके साथ एक विशेषण जुड़ा हुआ है और वह विशेषण है 'पंक्तिपावन'।

During the above educational tour, the researcher found that in this vast region, there was a community known as *Paṇktipāvan*. Those belonging to this community are placed in the first category of the Varṇa system and they are Brahmins. They have the additional title '*Paṇktipāvan*'.

साखांचल (पूर्वी उत्तर प्रदेश के उत्तरांचल) में सरयूपारीण ब्राह्मणों की एक शाखा 'पंक्तिपावन' के नाम से सदियों से जानी जाती रही है। इस शाखा के लोगों के कुछ निश्चित मूल्य, प्रतिमान, सिद्धान्त और कर्मकांड रहे हैं। निर्धारित मूल्यों एवं प्रतिमानों को छोड़ देने वालों को 'पंक्तिदूषक' कहते हैं। प्राचीन पंक्तिपावनों और पंक्तिदूषकों के लक्षणों का उल्लेख 'मनुस्मृति' (क्रमशः 3/183-86 और 3/150-68) एवं 'कूर्मपुराण' (सर्ग 2, उपसर्ग 21/9 से 11 तक के श्लोक) में मिलता है।

An offshoot of *Saryū-pāreeṇ Brahmins* of *Sākhānchal* (*Uttaraṇchal* of Eastern Uttar Pradesh) has been known as the '*Paṇktipāvan*' for centuries. People of this offshoot have had some defined values, standards, principles and rituals. Those deviating from the above values and standards are called '*Paṇktidūṣhak*'. Ancient *paṇktipāvanas* and *Paṇktidush-akas* have been mentioned in '*Manusmriti*' (3/183-86 and 3/150-68, respectively) and '*Kurmapurana*' (Stanza 2, Substanza 21/9-11).

शोधकर्त्ता ने पाया कि इस पंक्तिपावन समुदाय के पास कला, आचार और संस्कार-गीतों का अद्भुत ख़ज़ाना है। उसने यह भी पाया कि इस समुदाय और तथाकथित ख़ज़ाने का कोई भी समाजशास्त्रीय अध्ययन नहीं हुआ है। इस प्रकार

A unique treasure of art, lifestyle, culture and melodies was found to belong to this community. It was also found that neither the community nor its arts treasure had been studied from sociological viewpoint. The researcher

शोधकर्त्ता ने सन् 1980 में ही यह निर्णय लिया था कि अवसर पाते ही वह इस समुदाय का सांगोपांग समाजवैज्ञानिक अध्ययन करेगा।

आख़िर वह समय आ ही गया। सन् 1990 में शोधकर्त्ता अपने मूल शोधविषय (आप्रवास) के अध्ययन के साथ-साथ इस पंक्तिपावन समुदाय के अध्ययन में भी जुट गया।

पंक्तिपावन ब्राह्मण समुदाय आचार-विचार, यम-नियम और संस्कार-व्यवहार में इतर ब्राह्मण समूहों से श्रेष्ठ था। साथ ही ये लोग आचार से क्षीण या विचलित इतर ब्राह्मण समूह को भी आचारवान बनाने की क्षमता रखते थे। सामान्य अर्थ में ये उत्तम थे और अयोग्य को योग्य बना लेने (उनका समाजीकरण कर लेने) वाले विशिष्टि जन थे। इस समुदाय के लोग सच्चे अर्थों में शिक्षित थे और अशिक्षित की अशिक्षा का निवारण करके उसे शिक्षित बना कर अपनी श्रेणी में लाने की क्षमता रखते थे। सच्चे अर्थों में ये लोग गुरु थे। ये साहित्य, कला और दर्शन की अनेक विधाओं में पारंगत थे।

कालचक्र ने इन पंक्तिपावनों के आचार-विचार यम-नियम एवं दैनिक कर्मकाण्डीय क्रिया-कलापों को प्रभावित किया। कालान्तर में यह वर्ग इनके पालन के प्रति निरन्तर शिथिल होता गया और आगे भी शिथिलता की ओर अग्रसर होता जा रहा है। इस अर्थ में बचे पंक्तिपावन समुदाय के लोग, इनकी संस्कृति तथा इनके द्वारा निर्मित कला-प्रकारों का समाजशास्त्रीय महत्त्व हो गया है और ये लोग सामाजिक शोध की वस्तु बन गये हैं। अगर इन्हें 'रेयर स्पीसीज़' और इनकी कलाओं को 'रेयर आर्ट वर्क, कहा जाए तो अतिशयोक्ति नहीं होगी।

जिस प्रकार लुप्त होती जैविक प्रजातियों का संरक्षण एवं संवर्द्धन आवश्यक है, उसी प्रकार इस समुदाय के आचार-विचार और इनकी लुप्त होती कलाओं का भी संरक्षण एवं प्रलेखीकरण आवश्यक

thus had decided in 1980 itself that whenever there be an opportunity, he would make a comprehensive study of this community.

Finally the time did arrive and in the year 1990, this researcher got associated with studying this community alongwith his basic interest in migration studies.

The *Paṇktipāvan* Brahmins were superior among other *Brahmins* with reference to their rituals, norms and cultural observance. They were capable of transforming the uncultured or deviant communities of other *Brahmins* into cultured beings. In general they were superior and were special people who would make capable people out of uninitiated. People of this community were educated in true sense of the term. They were accepted as '*Guru*'. They were exponents of several disciplines of literature, arts and philosophy.

The wheel of time influenced the daily rituals, the lifestyle and other activities of the *paṇktipāvan* community. They were increasingly relaxed with respect to observing these and are getting more relaxed now. In this sense, the remaining members of the *Paṇktipāvan* community, their culture and their art forms have assumed particular significa-nce as a subject of sociological study. It will not be an exaggeration if they are referred to as 'rare species' and their arts as 'rare art'.

Just as the conservation and multiplication of the disappearing biological species is considered necessary, the fast vanishing culture and

है। बनी-बनाई कलाकृतियों को एकत्र करके, उनके फोटाग्राफ़ लेकर, बचे कलाकारों से अधिक से अधिक कलाकृतियाँ बनवाकर तथा इनके बारे में लोककथाओं तथा लोकगीतों एवं सूचनाओं को 'टेप रिकार्ड' करके इन्हें बचाया-बढ़ाया जा सकता है। साथ ही, समय के साथ-साथ बढ़ती वैज्ञानिक तकनीकों का सहारा भी लिया जाना चाहिए। आज भोजपुरी की अनेक 'वेबसाइट' मौजूद हैं। इन सभी पर इन बिसरती कलाओं को पूरा-पूरा स्थान मिलना चाहिए। राज्य संग्रहालयों एवं राष्ट्र संग्रहालय को भी 'बिसरती कला निधी' के रूप में इन कलाओं का संरक्षण करना चाहिए।

art forms of this community needs to be conserved and documented. They can be saved through the collection of ready made pieces of art, their photographic collection, getting as many pieces of art created by the surviving artists, and tape recording of the folk lore and folk songs related to them. The advancing technology and gadgets can be put to good use for the purpose. There are many websites devoted to *Bhojpuri*. They should all keep enough room for these dwindling art forms. The States and National Museums should play their roles in conservation effort for these fast disappearing treasures of art.

एक वृहद क्षेत्र में अनेक उपक्षेत्र होते हैं। हर उपक्षेत्रों में अनेक लघुक्षेत्र होते हैं। जैसे 'कोस-कोस पर पानी बदले, दसकोस पर बानी' की उक्ति सनातन सत्य रही है, उसी प्रकार से, 'क्षेत्र-क्षेत्र पर कलाकृति बदले, वृहद् क्षेत्र पर संस्कृति' की उक्ति भी अपने आप में प्रमाणसिद्ध है।

Any vast region has sub-regions and smaller units. The saying goes that the component of water changes with every *kosa* (1 *kosa* = 2 miles) and dialect changes every ten *Kosa*. Similarly, with each region changes the art form and with larger regions change the culture.

उपर्युक्त भाव से ही इस अध्ययन को लिया और पूरा किया गया है। सम्पूर्ण अध्ययन के तीन भाग हैं। प्रथम भाग (भोजपुरी पंक्तिपावन कलाएँ : एक परिचय) आपके समक्ष प्रस्तुत है।

The present study has been undertaken and completed with the above points in mind. The entire study is divided into three parts. The first part (*Bhojpuri Paṇktipāvan* Art: An Introduction) is being presented before you.

क्रमशः द्वितीय भाग (भोजपुरी पंक्तिपावन संस्कार एवं लोकाचार) और तृतीय भाग (भोजपुरी पंक्तिपावन लोककथाएँ एवं लोकगीत) के प्रकाशन हेतु पांडुलिपि (प्रेस कापी) तैयार की जा रही है।

आशा है, सहृदय पाठक इसे स्वीकार करते हुए, 'सार' को ग्रहण करेंगे और 'थोथा' के प्रति लेखक का ध्यान आकर्षित करेंगे।

—प्रेमप्रकाश पाण्डेय

बुद्धपूर्णिमा, विक्रमी संवत् 2065

20 मई, 2008

Gradually the second part (*Bhojpuri Paṇktipāvan* Culture and Social Behaviour) and third part (*Bhojpuri Paṇktipāvan* Folklore and Folk Songs) are being prepared for publication.

I hope, readers will accept this work. They will retain the abstract and will guide the author for improving the work.

—Prem Prakash Pandey

Buddhapūrṇimā, Vikramī: Sāmbat, 2065

20 May, 2008

आभार

‘आभार’ संस्कृत का एक पुल्लिंग शब्द है। इसके अनेक समानार्थी शब्द हैं जिनमें एक प्रमुख शब्द ‘सहयोग’ है। मनुष्य एक पारिवारिक और सामाजिक प्राणी है। परिवार में जन्म लेने के साथ ही सर्वप्रथम माता फिर तदनुसार निकट के रक्त सम्बन्धी उसके हितैषी होते हैं। बालक आभारी होता है अपनी माता एवं क्रमशः पिता, दादा, दादी और अग्रज-अग्रजा का। माता दुग्धपान से लेकर पालन-पोषण की गुरुतर भूमिका निभाते हुए हँसना-बोलना और चलना-दौड़ना सिखाती है। इस प्रकार परिवार के सभी सदस्य येन-केन-प्रकारेण उस बालक के हितैषी होते हैं और वह बालक उनका आभारी। शारीरिक, मानसिक, सामाजिक और फिर आध्यात्मिक विकास के लिए वह क्रमानुसार पारिवारिक, सामाजिक और फिर आध्यात्मिक गुरुजनों का सहयोग और आभार प्राप्त करते हुए एक दिन स्वयं समर्थ और सशक्त हो जाता है। इसके लिए उसे समाजीकरण और सामाजिक नियंत्रण की शाश्वत सामाजिक प्रक्रियाओं से गुज़रना पड़ता है। परिणामस्वरूप वह एक सामाजिक नागरिक की पदस्थिति को प्राप्त करता है। इस समय वह इतर पारिवारिक और सामाजिक सदस्यों को आभार प्रदान करने की स्थिति में होता है। तात्पर्य यह है कि आभार प्राप्त करते हुए ही वह एक दिन आभार प्रदान करने की पदस्थिति को प्राप्त करता है।

कोई भी कृति अकेले ‘कृति’ का रूप पाने में समर्थ नही होती चाहे वह प्राकृतिक कृति हो या फिर सामाजिक। प्राकृतिक उपादानों के सहयोग (आपसी आभार) से प्राकृतिक कृति (पर्वत, नदी वृक्ष एवं फल आदि) सार्थक होती है। यही साम्य सामाजिक कृति के लिए भी लागू होता है।

Gratitude

‘*Ābhār*’ has a masculine connotation in *Sanskrit*. It has many synonyms, the most prime of which one is ‘*Sahayog*’ (cooperation). Human beings are gregarious and social creature. Concurrent with birth in a family, first of all parents and other close kins are his well wishers. The child is indebted to the mother, the father, the grandfather, the grandmother, the elder brothers and sisters in that order. The mother, apart from feeding the divine potion and playing the most important role in upbringing, also teaches communication, laughing, moving and everything essential for life. Thus, in the family every one wishes well for him in one way or the other. For his mental, social and spiritual development, he depends on familial, social and spiritual *guru* and thereby transforms into an able and strong individual. He has to pass through the perpetual process of socialization and social regulation. As a result, he attains the stature of a social citizen. At this point, he is in a position to gratify other members of the family.Thus, while remaining grateful,he becomes one to gratify others.

No work in isolation can assume the form of ‘creative work’, be it natural or social work. With the help of natural inputs, the natural creations (the mountains, the rivers, the trees and the fruits they bear) become meaningful. This analogy also applies to social creative work.

सामाजिक कृति में एक श्रेष्ठ कृति है पुस्तक की संरचना। किसी एक कृतिकार (लेखक) द्वारा की गई कृति (पुस्तक) में कितने लोगों का सहयोग और आभार होता है, इसकी गणना कर पाना निश्चय ही किसी गणितज्ञ के लिए भी कठिन है।

Among the social creativities, writing a book is the best creativity. Even for an accomplished mathematician, it would be difficult to assess the number of people who help and contribute an author in bringing out a book.

लेखक के मन-मस्तिष्क में इस अध्ययन एवं पुस्तक के बीजारोपण का श्रेय सर्वप्रथम उसकी माता, भार्या और सुहृद् श्री मुकुन्द जोशी को जाता है। माता के पास अद्भुत लोक वाङ्मय सामग्री थी, भार्या कुशल चितेरी रहीं हैं और मित्रवर जोशी जी के पास कुशल शोध-अनुभव एवं शोध-संयोजन की क्षमता रही है। निश्चय ही इन तीनों लोगों को तदनुसार क्षमताएँ पैतृक रूप से मिली थीं। लेखक को सम्भवतः पैतृक रूप से समुचित आकार का 'पात्र' (व्यक्तित्व) मात्र मिला था। तो, पिता, (श्री प्रद्युम्न पाण्डेय) से मिले 'पात्र विशेष, में यह लेखक एक-एक करके वह सब कुछ संजोने-सजाने लगा, जो मिलता गया। पिता से ही इस लेखक ने सुन रखा था, "जानते हो! प्रसाद जी (जयशंकर प्रसाद) का क्या कहना है? वे कहते हैं, "एक पृष्ठ लेखन के लिए सौ पृष्ठ का पाठ अनिवार्य है।"

The credit of sowing the seeds for this study and book into author's mind goes to his mother, to his better half and to his dear friend Mr. Mukund Joshi. My mother had an amazing and encyclopedic collection of folk materials, my better half is also a better artist and my friend Joshiji has rich experience and capability of coordinating research. All the three must have inherited these capabilities from their respective parents. The author perhaps inherited from his father (Shri Pradumna Pandey) the proper form of the vessel (personality) to receive these valuable things. In this special vessel, this author started arraying and stacking whatever he got from the above three sources. He had heard from his father, "Do you know, what had 'Prasadji' (Jai Shankar Prasad) to say? it is necessary to read hundred pages for writing one page".

अब इतना तो नहीं हो सका। जितना हो सका, उसका संक्षिप्त सार प्रस्तुत है।

I have not been able to do that much. Whatever was possible, I present a summary of that.

मित्रवर मुकुन्द जोशी ने आद्योपान्त अनेकानेक सहयोग प्रदान किया। आपके सतत सहयोग के लिए कुछ कहने और लिखने में लेखक की वाणी और लेखनी क्रमशः अवरुद्ध और असमर्थ है। फिर भी विचार-मन्थन से प्रतीत होता है कि आपका सहयोग गुड़ है और लेखक गूँगा (रंगीन फलक 39)।

My friend Mukund Joshi offered a lot of help from beginning till end. To say or to write on his continuous help, I feel choked in speech and writing. Yet churning of thoughts finds similarity with a situation where his help is like the divine sweet and the author is dumb (Colour Plate 39).

अगले सहयोगी हुए श्रद्धेय डॉ नीलकण्ठ पुरुषोत्तम जोशी। शैक्षणिक आयोजन विशेष के सन्दर्भ में आपका दिल्ली आगमन हुआ था। उनसे निवेदन किया। अपनी अल्पज्ञता से उनको परिचित कराया। साथ ही, इस दिशा में शोध-सुझाव देने का आग्रह भी किया। वे कुछ क्षण मौन रहे। जब मुखर हुए तो उनका वाक्य रहा, "चित्रों एवं आकृतियों को तुम्हें देखना नहीं, बल्कि पढ़ना होगा। इसी तरह शब्दों को पढ़ना नहीं, बल्कि उन्हें अपना मित्र बनाना होगा। क्या तुम ऐसा कर सकोगे? मेरे स्वनामधन्य गुरु (प्रोफेसर वासुदेवशरण अग्रवाल) ने मुझसे यही कहा था। मैं तुमसे यही कहना चाहता हूँ।"

मैं हतप्रभ! मेरा मौन ही उनसे प्रश्न कर रहा था। इसका सस्नेह उत्तर उन्होंने दिया। बड़े सरल-सुगम रूप से चित्र को पढ़ने और शब्द को मित्र बनाने का संबोध समझाया। चित्र को पढ़ने का उनका आशय यह था कि चित्र या मूर्ति विशेष की मुद्रा क्या है, हाथों में क्या है, अगर आयुध हैं तो कौन-कौन से हैं, वस्त्र और उत्तरीय कैसे हैं, आदि-आदि।

इसी प्रकार 'शब्द' को 'मित्र', बनाने का आशय उन्होंने समझाया। शब्द किस भाषा से आये हैं, उनका मूल क्या है और उनकी यात्रा क्या रही है, हमसे (संस्कृत से या फिर हिन्दी, अवधी और भोजपुरी आदि से) कब वे मिले और कब हमसे समरस हुए आदि-आदि।

मैं हतप्रभ से अवाक् की स्थिति में आ गया। मुझे न कुछ सूझ रहा था न समझ में आ रहा था। मेरी स्थिति का सहज आकलन करते हुए उन्होंने लगभग चालीस मिनट का एक धाराप्रवाह भाषण दिया। इसका मेरे ऊपर मंत्र जैसा प्रभाव पड़ा। प्रति मिनट एक विशेष स्फुरण की अनुभूति हो रही थी। अन्त में मैंने अपनी आजीविका के विचित्र स्वरूप और अपने भावी शोध की जटिल प्रकृति से उनको अवगत

My next guide was Dr. Nelkantha Purushottam Joshi. He came to Delhi to attend some educational function. I requested him for his guidance and apprised him of my ignorance and limitations. I also insisted that he should suggest possible areas of research materials in this direction. He kept quiet for a few moments. When he opened up, he said "You will not only have to see the figures and forms but you will have to read them. Similarly, you will not only have to read the words but also make friends with them. Will you be able to do so? My *Guru* Professor Vasudev Sharan Agrawal had said the same thing to me. I want to tell you the same thing".

I was stunned. My silence itself kept questioning him. He very affectionately replied to this. He told me simple ways of reading the figures and making friends with words. By reading the figure, he meant what is the posture of the figure or the sculpture, what does it hold in hands, if they are arms, what are they, how is the outfit etc.

Likewise, he explained the art of making friends with words. From which language have the words originated,what is their etimology, how had it toured historically, when did it find us (*Sanskrit*, *Awadhi* or *Bhojpuri*) and when it got assimilated into us etc.

I was speechless. I was not able to see anything or to comprehend it. Understanding my helplessness, he kept on fluently speaking for about forty minutes. This had magic effect on me. Every minute, there was a new enlightenment. Towards the end, I apprised him about the strange form of my profession and my proposed complicated research work. Finding the two incompatible,he said, "Only

कराया। इन दोनों में छत्तीस का आँकड़ा पाकर उन्होंने कहा, "समय ही इसका समाधान देगा। आरम्भ करो।"

शोध का प्रारूप बना। भारतीय सामाजिक विज्ञान अनुसंधान परिषद, नई दिल्ली ने कुछ एक सुझावों सहित इसका अनुमोदन किया। सामान्य छात्रवृत्ति (जनरल फ़ेलोशिप) के तहत स्वीकृति-पत्र प्राप्त हुआ। साथ ही कुछ एक अनुबन्ध (गाइड और सम्बद्ध संस्थान) आदि की समस्या के कारण यह सुविधा नहीं प्राप्त हो सकी। शोध की गति अति मन्द होती गई।

अनंतर कालचक्र अनुकूल हुआ। संशोधित परियोजना का भी स्वरूप बदलकर विस्तार को प्राप्त हुआ। अब परियोजना के तीन वृहद भागों को अध्ययनार्थ चुना गया–

(*क*) पंक्तिपावन समुदाय की लुप्त होती कलाओं के चार स्वरूप

(*ख*) इनके संस्कार एवं लोकाचार; तथा

(ग) इनकी लोककथाएँ एवं लोकगीत।

इस अपेक्षाकृत बड़ी शोध परियोजना को सार्थक सम्मान मिला। इस परियोजना की स्वीकृति वरिष्ठ छात्रवृत्ति (सीनियर फ़ेलोशिप, अक्टूबर 1999 से सितम्बर 2002) के रूप में हुई। शोधकार्य को निर्धारित समय की सीमा (2003) के अन्तर्गत पूरा कर लिया गया।

इसकी पूर्णाहुति में अन्य अनेक सुजनों का भी सहयोग मिला। आँकड़ा-संकलन के समय श्री पीयूष पाण्डेय, श्री अनमोल त्रिपाठी, श्री ओम प्रकाश त्रिपाठी और श्रीमती हेमलता पाण्डेय का सहयोग अपरिमित रहा। सरयूपार (साखांचल) के विशाल क्षेत्र के एक सौ चालीस गाँवों में से बयालिस गाँवों (तीस प्रतिशत) को निदर्शन (सैम्पल) के रूप में चुना गया था। चौदह गाँव इस क्षेत्र के बाहर स्थित हैं। कुल गाँवों की संख्या एक सौ चौवन है (परिशिष्ट-VI) शोध सर्वेक्षण का कार्य दो चरणों में पूरा किया गया। इसमें

time will give a solution. Get started".

The research project took shape. Indian Council of Social Science Research, New Delhi approved it with a few suggestions. A letter of award under General Fellowship was received. Due to some other agrements (Guide and the concerned Institution), this facility could not be availed. The pace of research became extremely slow.

Later, the wheel of time took favourable turns. Details of the corrected form of the project were worked out. Now the project was divided in three major parts for study. These were:

(*a*) Four forms of the vanishing art of the *Paṇktipāvan* community,

(*b*) Their sacrament and social manners; and

(*c*) Their folklores and folksongs.

This relatively large research project got a meaningful respect. This project was accepted with a Senior Fellowship (October, 1999 to September 2002). The research project was completed within the stipulated time frame (2003).

Towards completion of the present work, many other kind people extended their help. At the time of data collection, Mr. Peeyush Pandey, Mr. Anmol Tripathy, Mr. Om Prakash Tripathy and Mrs. Hemlata Pandey gave immense support. Forty-two (thirty per cent) of the one hundred forty villages of the vast region across the Sarayu river were chosen as sample. Fourteen villages are beyond the area. Total number of the villages are one hundred-fifty four

तीन महीने का समय लगा। इस पूरी अवधि में उपर्युक्त चार सहयोगियों के साथ उत्तरदाताओं एवं पंक्तिसमाज के श्रेष्ठ जनों डॉ. चन्द्रमौली शुक्ल, श्री ज्ञानेश्वर राम त्रिपाठी, डॉ. रविकेश मिश्र, श्रीकृष्णमोहन मिश्र, श्री गजेन्द्र मिश्र एवं श्री विधुधर मिश्र का सहयोग सराहनीय रहा। हर आयु वर्ग की कुशल महिलाओं ने भी चित्रों, संस्कारों और गीतों की जानकारी दी। इन सब श्रेष्ठ जनों ने कलाओं के स्वरूपों को समझाने और उनके पौराणिक, सामाजिक और शास्त्रीय पक्ष को उजागर करने में विशेष सहयोग प्रदान किया। शोधक इसके लिए सभी का आभार स्वीकार करता है और उनके प्रति सम्मान प्रकट करता है।

completed in two phases. This took three months. Over this entire period, in addition to the four colleagues men-tioned above, support received from those providing answers and the elite among the *Pankti* community Dr. Chandra Mauli Shukla, Mr. Gyaneshwar Ram Tripathy, Dr. Ravikesh Mishra, Mr. Krishna Mohan Mishra. Mr. Gajendra Mishra and Mr. Vidhuhar Mishra merits special appreciation. The competent women representing each age group also gave information on pictures, culture and songs. All these excellent people specially helped in explaining and highlighting the social and scholastic aspects of the arts.

आँकड़ों के सारिणीकरण और संख्यिकी विश्लेषण में परिषद के श्री अनिलकुमार का सहयोग अत्यन्त महत्त्वपूर्ण रहा है। इसके लिए वे धन्यवाद के पात्र हैं। यह कठिन कार्य श्री नरेश कुमार निझावन, कार्यकारी निदेशक, आँकड़ा अभिलेखागार विभाग, भारतीय सामाजिक अनुसंधान परिषद नई दिल्ली, के निर्देशन एवं निरीक्षण में सम्पन्न हुआ। ऐसे स्वनाम धन्य के प्रति मैं सदैव आभारी हूँ। पाठकगण को आँकड़ा सम्बन्धी विश्लेषण पुस्तक के द्वितीय भाग में देखने को मिलेगा। साथ हीं, साक्षात्कार अनुसूचि का स्वरूप भी देखने को मिलेगा। जैसा कि पूर्व में ही बताया गया है, यह प्रथम भाग अध्ययनार्थ चुनी गई कलाओं का एक परिचय मात्र है।

Assistance received from Mr. Anil Kumar of the Council for data Tabulation and its statistical treatment was very important. He deserves many thanks for the same. This work was completed under the direction and inspection of Mr. Naresh kumar Nijhawan, Executive Director, Data Archives Department, Indian Social Science Research Council, New Delhi. I shall always remain indebted to such an eminent and selfless person. Readers will find data analysis in the second part of the book. As mentioned earlier, this first part is an introduction to the works of art chosen for study.

इस पुस्तक का प्रबुद्ध पाठक शोध परियोजना की पूर्णता (2003) से लेकर पुस्तक के मात्र प्रथम भाग के प्रकाशित पुष्प (2009) के अन्तराल-काल(6 वर्ष) को लेकर निश्चय ही हैरान-परेशान होगा। उसका अचंभित होना शत-प्रतिशत सत्य है। लेखक इसे स्पष्ट करना चाहेगा। इसके चार प्रमुख कारण हैं—

The learned readers of the book will certainly be perturbed about the time (6 years) that elasped from conceptualisation of the project in 2003 to the emergence of the first bud in 2009. It is fully justified to be surprised. I see four major reasons for this;

(क) आजीविका का अर्धशैक्षणिक स्वरूप
(ख) अस्वस्थता
(ग) अनियंत्रित परिस्थितियाँ; एवं
(घ) अदृश्य एवं दृश्य अमित्रों की कृपा।

प्रथम तीन कारणों का प्रतिशतांक और आवृत्ति कुल मिलाकर मात्र तीस प्रतिशत है। इस अति और असहनीय विलम्ब के लिए सत्तर प्रतिशत का महत्त्वपूर्ण प्रतिशतांक मेरे अदृश्य एवं दृश्य अमित्रों की कृपा एवं उनके विशेष अनुग्रह को जाता है। इन प्रथम वन्दनीय महानुभावों के गहन योगदान ने यह छः वर्षों का स्वर्णिम समय लिया। इन महानुभावों ने गोस्वामी तुलसीदास जी की पंक्तियों को सतत स्मरण कराने का सुअवसर प्रदान किया। निश्चय ही सुविज्ञ पाठक इन्हें गुनगुनाना चाहेगा—

चौपाई

बहुरि बंदि खल गन सतिभाएँ।
जे बिनु काज दाहिनेहु बाएँ।
पर हित हानि लाभ जिन्ह केरें।
उजरें हरष बिषाद बसेरें।। 1।।
हरि हर जस राकेस राहु से।
पर अकाज भट सहसबाहु से।।
जे पर दोष लखहिं सहसाखी।
पर हित घृत जिन्ह के मन माखी।। 2।।
तेज कृसानु रोष महिषेसा।
अघ अवगुन धन धनी धनेसा।।
उदय केत सम हित सबही के।
कुंभकरन सम सोवत नीके।। 3।।
पर अकाजु लगि तनु परिहरहीं।
जिमि हिम उपल कृषी दलि गरहीं।
बंदउँ खल जस सेष सरोषा।
सहस बदन बरनइ पर दोषा।। 4।।
पुनि प्रनवउँ पृथुराज समाना।
पर अघ सुनइ सहस दस काना।।
बहुरि सक्र सम बिनवउ तेही।
संतत सुरानीक हित जेही।। 5।।
बचन बज्र जेहि सदा पिआरा।
सहस नयन पर दोष निहारा।। 6।।

(a) Semi-academic nature of my livelihood profession
(b) Ill health
(c) Uncontrolled circumstances; and
(d) Unfriendly kindness showered on me by many invisible beings.

The first three reasons account for 30% of the time loss. The remaining 70% is attributable to the unfriendly kindness of visible and invisible forces. Serious contributions by these adorable great individuals took away a golden period of six years. They inspried and made it necessary to recall the philosophy of honorable Tulsidas. The scholarly readers will definitely like to recite the following lines:

Caupāyī

bahuri bandi khala gana satibhāẽ,
je binu kāja dāhinehu bāẽ.
para hita hāni lābha jinha kerẽ,
ujarẽ haraṣa biṣāda baserẽ. 1.
hari hara jasa rākesa rāhu se,
para akāja bhaṭa sahasabāhu se.
je para doṣa lakhahĩ sahasākhī,
*para hita ghṛta jinha ke mana mākhī.*2.
teja kṛsānu roṣa mahiṣesā,
agha avaguna dhana dhanī dhanesā.
udaya keta sama hita sabahī ke,
*Kumbhakarana sama sovata nīke.*3.
para akāju lagi tanu pariharahĩ,
jimi hima upala kṛṣī dali garahĩ.
bandaũ khala jasa seṣa saroṣā,
*sahasa badana barani para doṣā.*4.
puni pranavaũ pṛthurāja samānā,
para agha sunai sahasa dasa kānā.
bahuri sakra sama binavaũ tehī,
*saṁtata surānīka hita jehī.*5.
bachana bajra jehi sadā piārā,
*sahasa nayana para doṣa nihārā.*6.

अब मैं सच्चे भाव से खलजनों को प्रणाम करता हूँ, जो बिना प्रयोजन ही, अपना हित करनेवाले के भी प्रतिकूल आचरण करते हैं। दूसरों के हित की हानि ही जिनकी दृष्टि में लाभ हैं, जिनको दूसरों के उजड़ने में हर्ष और बसने में विषाद होता है।। 1।।

जो हरि और हर के यशरूपी पूर्णिमा के चन्द्रमा के लिये राहु के समान हैं (अर्थात् जहाँ कहीं भगवान् विष्णु या शङ्कर के यश का वर्णन होता है, उसी में वे बाधा देते हैं) और दूसरों की बुराई करने में सहस्रबाहु के समान वीर हैं। जो दूसरों के दोषों को हज़ार आँखों से देखतें है और दूसरों के हितरूपी घी के लिये जिनका मन मक्खी के समान है (अर्थात् जिस प्रकार मक्खी घी में गिरकर उसे ख़राब कर देती है और स्वयं भी मर जाती है, उसी प्रकार दुष्ट लोग दूसरों के बने-बनाये काम को अपनी हानि करके भी बिगाड़ देते हैं।)।। 2।।

जो तेज (दूसरों को जलानेवाले ताप) में अग्नि और क्रोध में यमराज के समान हैं, पाप और अवगुणरूपी धन में कुबेर के समान धनी हैं, जिनकी प्रगती सभी के हित का नाश करने के लिये केतु (पुच्छल तारे) के समान है, और जिनके कुम्भकर्ण की तरह सोते रहने में ही भलाई है।।3।।

जैसे ओले खेती का नाश करके आप भी गल जाते हैं, वैसे ही वे दूसरों का काम बिगाडनें के लिये अपना शरीर तक छोड़ देते हैं। मैं दुष्टों को (हज़ार मुखवाले) शेषजी के समान समझकर प्रणाम करता हूँ, जो पराये दोषों का हज़ार मुखों से बड़े रोष के साथ वर्णन करते हैं।।।4।।

पुनः उनको राजा पृथु (जिन्होंने भगवान का यश सुनने के लिए दस हज़ार कान माँगें थे) के समान जानकर प्रणाम करता हूँ, जो दस हजार कानों से दूसरों के पापों को सुनते हैं। फिर इन्द्र के समान मानकर उनकी विनय करता हूँ, जिनको सुरा (मदिरा) अच्छी और हितकारी लगती है।। 5।।

Again, I greet with a sincere heart the malevolent class, who are hostile without purpose even to the friendly, to whom others' loss is their own gain, and who delight in others' desolation and wail over their prosperity. They try to eclipse the glory of Viṣṇu and Śiva even as the demon Rāhu intercepts the light of the full moon (during what is known as the lunar eclipse); and they are valiant like the reputed king Sahasrabāhu (so-called because of his possessing a thousand arms) in working others' woe. They detect others' faults as if with a thousand eyes and their (designing) mind mars other's interests even as a fly spoils clarified butter. In splendour they emulate the God of fire and in anger they vie with the God of death, who rides a buffalo. They are rich in crime and vice as Kubera, the God of riches, is in gold. Like the rise of a comet, their advancement augurs ill for others' interests; like the slumber of Kumbhakarṇa their decline alone is propitious for the world. They lay down their very life in order to be able to harm others, even as hail-stones dissolve after destroying the crop. I bow in reverence infront of a wicked soul as the fiery (thousand-tongued) serpent-god Seṣa, in so far as he eagerly expatiates on others' faults with a thousand tongues as it were. Again, I bow to him as the celebrated king Pṛithu (who prayed for ten thousand years in order to be able to hear the glories of the Lord to his heart's content) in as much as he hears of others' faults with the thousand ears as it were. Once more do I supplicate to him as Indra (the lord of celestials) in so far as wine appears charming and beneficial to him.

जिनको कठोर वचनरूपी वज्र सदा प्यारा लगता है और जो हजार आँखों से दूसरों के दोषों को देखते हैं।।6।।'

Harsh language is dear to him even as the thunderbolt is fondly cherished by Indra; and he detects others' faults with a thousand eyes as it were.

रामचरितमानस/बालकाण्ड/3 (ख)/1 से 6 तक

ŚRĪ RĀMACARITAMĀNASA, BĀLA-KĀṆḌA/3(B) 1 to 6

इस प्रकार, ऐसे 'विशेष जनों' ने इस अध्ययन को सुचारु रूप से चलने देने में और इस पुस्तक के प्रकाशन प्रक्रिया को सदा 'चक्रीय गति' प्रदान की है। लेखक इनकी भूमिकाओं को सादर स्मरण करता है और कामना करता है कि इनके जीवन में भी सतत 'चक्रीय गति' प्राप्त होती रहे।

Thus, such special people have given cyclic motion to the proper continuation of this study and to the process of publication of this book. The author respectfully remembers their roles and wishes eternal cyclic motion in their lives.

यह कृति द्विभाषी रूप में प्रस्तुत की जा रही है। समय की माँग, प्रकाशन में दोहरे व्यय से बचत, दोनों भाषाओं के पाठकों का लाभ और *राजभाषा आयोग* की सुनीति को दृष्टि में रखते हुए ऐसा किया गया है। आशा है, पाठक इसे धनात्मक रूप से स्वीकार करेंगे।

This work is being presented in a bilingual form. This has been done in view of the current trend, saving from dual effort of publication, reaching out to readers of both kinds, and the policy of the *Rajbhasha Ayog*. I hope that the readers will accept it in positive spirits.

इस दुस्तर अनुवाद कार्य में मित्रवर प्रोफ़ेसर प्रमोद कुमार यादव और अग्रजसम प्रोफ़ेसर वागीश शुक्ल को सादर स्मरण करता हूँ। इस कार्य के लिए इन श्रेष्ठ जनों को साधुवाद देना सूर्य को दीपक दिखाने जैसा ही होगा। लेखक इन लोगों के सहयोग को इस अर्थ में स्वीकार करता है कि उसे अपने अनुज जनों के सहयोग का सतत अवसर मिलता रहे। चितेरी के रूप में, सहलेखिका के रूप में और पांडुलिपि सुधारने एवं दीर्घ प्रकाशन प्रक्रिया काल में पतिचित्तानुसारिणी की भूमिका निभाने के लिए भार्या सौभाग्यवती हेमलता पाण्डेय सदैव सराहनीय हैं।

In this difficult task of translation, once again I respectfully remember my friend Prof. P.K. Yadav and my elderly Prof. Vagish Shulka. Thanking them for this work is like showing a lamp to the Sun. The author wants to accept their help in order to be getting opportunities to serve his youngsters ever afterwards. My wife Mrs. Hemlata Pandey has made appreciable contribution as an artist, a co-author, a manuscript enhancer and as one conforming to her husband's moods.

पुस्तक में प्रयुक्त पारिभाषिक शब्दों एवं सन्दर्भों को अकारादि क्रम देने का श्रेय सुश्री पूर्णिमा बकाया को जाता है। लेखक इनकी श्रीवृद्धि की कामना करता है।

Ms. Purnima Bakaya deserves thanks for the terms used in the text, and arrangement of the references in alphabetical order. The author wishes her all the best in her pursuits.

कहते हैं, छप्पन भोग के लिए अन्न उपलब्ध हो और ईधन भी उपलब्ध हो, किन्तु कुशल पाकशास्त्री न हो तो 'अन्न' मात्र 'सामान' बनकर ही रह जाता है। वह पकवान की संज्ञा नहीं प्राप्त कर पाता। पुस्तक प्रकाशन के अर्थ में प्रकाशक कुशल पाकशास्त्री की भूमिका निभाता है। इस पुस्तक के प्रकाशक ने एक कुशलतम 'पुस्तक पाकशास्त्री' की भूमिका निभाई है। पता नहीं क्यों सुयोग्य लेखकों को ही सरस्वती के सपूत की संज्ञा दी गई है। प्रकाशक तो माँ सरस्वती (ज्ञान देवी) को समुचित मान-सम्मान देकर प्रतिष्ठित करते हैं। उन्हें भी 'देवी सरस्वती के सपूत' का दर्जा मिलना चाहिए।

—प्रेमप्रकाश पाण्डेय
हेमनिवास, 3-ए/267ए
वैशाली कालोनी
ग़ाज़ियाबाद, 201012 (उ.प्र.)

वसंत पंचमी, विक्रमी संवत् : 2065
31 जनवरी : 2009

It is said that if all the raw ingredients be made available but if there be no experienced cook, all that is available does not make for any dish. With reference to publishing a book, the publisher plays the role of an experienced cook. The publisher of this book has played the role of an experienced cook. It is not clear why only noble authors get the compliments of being blessed by Saraswati. The publisher actually establishes Mother *Saraswati* with due respect and honour. They should also be treated as 'Noble sons of Goddess Saraswati'.

—Prem Prakash Pandey
Hem Niwas, 3-A/267A
Vaishali Colony
Ghaziabad, 201012 (U.P.)

Vasāntpānchmi:, Vikramī: Sāmbat : 2065
31 Janauary : 2009

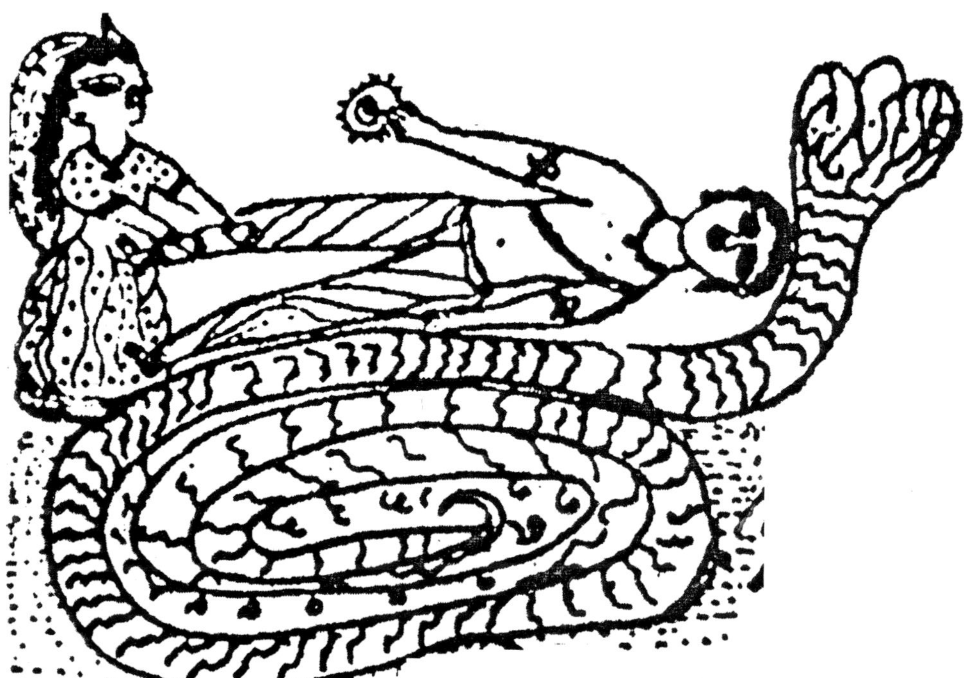

कला शब्द का प्रयोग सबसे पहले भरत मुनि के 'नाट्यशास्त्र' में मिलता है। इसके पश्चात् वात्स्यायन और उशनस् ने क्रमशः अपने ग्रन्थ 'कामसूत्र' और 'शुक्रनीति' में इसका वर्णन किया है। भारतीय परम्परा के अनुसार कला उन सारी क्रियाओं को कहते हैं, जिनमें कौशल अपेक्षित हो।[1] यूरोपीय शास्त्रियों ने भी कला में कौशल को महत्वपूर्ण माना है।[2] कला और विज्ञान में अन्तर माना जाता है। विज्ञान में ज्ञान का प्राधान्य है तथा कला में कौशल का। कौशलपूर्ण मानवीय कार्य को कला की संज्ञा दी जाती है।[3]

The word *Kalā* (art) is for the first time used by *Bharata* in his book *Nātyaśastra*. Subsequently, *Vātsyāyana* and *Uśanasa* have described various arts in their books viz. *Kāmasūtra* and *Śukranīti* respectively. Following the Indian tradition, the arts include all those activities which need skill.[1] European scholars, too, have accepted the skill as an integral part of art.[2] There is difference between art and science. While in science, knowledge is important, in art skill plays a major role. Therefore, art can also be defined as skilled human activity.[3]

प्राचीन भारतीय कला विभिन्न धार्मिक उद्देश्यों से अनुशासित होती आयी है। जीवन का कोई भी पक्ष धर्मानुप्रेरण से अलिप्त नहीं रहा। कण-कण में विराट सत्ता के दर्शन करना-कराना भारतीय कलाकारों का अभीष्ट रहा है।[4] मुखर्जी[5] ने भी प्रतिपादित किया है कि भारतीय कला धार्मिक प्रेरकों से प्रभावित एवं स्वरूपित रही है।

Ancient Indian art has been governed by various religious objects. No sphere of life was ever free from religious inspiration. The aim of Indian artist has always been to visualise and depict the existence of the Almighty in each and every particle of the Universe.[4] Mukherjee[5] has also summarised that the Indian art has always been influenced and controlled by religious factors.

वैदिक काल में कृषि एवं हस्तकलाओं का बड़ा आदर होता था। कालान्तर में जातिवाद के जटिल जाल से ये हस्त-कलाएँ भी मुक्त न रह सकीं। द्विजाति या सवर्ण लोग इन कलाओं को हेय समझने लगे और सिद्धान्त के रूप में इनका सम्बन्ध शूद्रों से ही रह गया। इस प्रकार हस्त-कलाओं की उन्नति में अवरोध हुआ। फिर भी हाथों के श्रम के हस्तलाघव की एवं लघु उद्योगों की परम्परा निरन्तर चलती रही। वे अपनी आजीविका के साधन बढ़ाने के लिए वे नये-नये हुनरों की खोज करते थे। इनमें ललित तथा उपयोगी दोनों प्रकार की कलाओं का समावेश होता था।[6]

During Vedic period, agriculture and handicrafts were highly respected occupations. However, later on these various crafts got entangled in the ever evolving complex network of casteism. *Dvijas* or *savarṇas* (upper caste people) began to look down upon these arts and theoretically these got related only with *Śūdras* (lower castes). Consequently, the natural evolution of handicrafts declined. Yet, the traditions of the skill of handicrafts and small industries continued. People used to discover newer and newer skills to enhance their means of livelihood. They included both fine and useful arts.[6]

ऋग्वेद काल राष्ट्रीय जीवन के सभी क्षेत्रों जैसे आर्थिक, राजनीतिक, धार्मिक उन्नति तथा सभ्य जीवन की कला, कारीगरी, कृषि, व्यवसाय और व्यापार के लिए प्रसिद्ध है।

The *Rigvedic* period is known for development in all spheres of national life like economic, political and religious progress and other aspects of civilizaiton such as art, craft, agriculture, trade and occupation.

इन विभिन्न व्यवसायों के विकास के फलस्वरूप ही श्रम-विभाजन की प्रक्रिया में वर्णव्यवस्था का जन्म हुआ। कालान्तर में इस श्रम-विभाजन और वर्णव्यवस्था का दुरुपयोग हुआ। उच्चवर्ग के लोगों में केवल अधिकारी ही धर्म-दर्शन का अध्ययन-अध्यापन और पौरोहित्य आदि करते थे।[7] शेष सदस्य कृषि, करघा अथवा अन्य हस्तकौशल का आश्रय लेते थे। महर्षि व्यास ने श्रम तथा हस्तलाघव की प्रतिष्ठा एवं प्रशंसा की है।[8]

Due to evolution of these occupations, the division of labour led to the origin of *varṇa* system. In later period, however, this division of labour and *varṇa* system was abused. Among the upper classes only the designated groups studied philosophy or acted as priests. The others depended on agriculture, loom or other hand skill.[7] Vyas has praised the importance of labour and hand skill.[8]

भारतीय संस्कृति में कला को अनेक आयामों से देखा गया है। उपर्युक्त संदर्भों से यह प्रमाणित होता है कि कला सामाजिक आयामों से होती हुई अन्त में आध्यात्मिक आयामों से जुड़ती है। गौड़[9] का मत है कि जिस संस्कृति का इतिहास अत्यंत प्राचीन हो, धार्मिक साहित्य अत्यंत विशाल हो, सामाजिक विकास दीर्घकालिक हो, उसमें विविध कलाओं का विकास भी उच्च कोटि का होना चाहिए।

In Indian culture art has seen from various aspects. A perusal of the mentioned references reveals that art ultimately relates with the spiritualism through social aspects. Gaur[9] opines that in a culture, which has a very ancient history, voluminous literature and a long period of evolution, there has to be a high class development of various arts.

मुकर्जी[10] का मत है कि कला उन सामाजिक प्रतीकों, बिम्बों तथा परम्पराओं-विश्वासों को जन्म देती है जो मानव-जीवन को ऊँचा उठाकर समाज का इस प्रकार निर्देशन करते हैं जिससे सत्यम्, शिवम् तथा सुन्दरम् मनुष्य के भय, त्रास और भ्रम का हरण कर लेते हैं। लेंगर[11] के अनुसार मन की अनुभूतियों को भौतिक जगत की वस्तुओं पर प्रक्षेपित करने के फलस्वरूप जो बिम्ब निर्मित होते हैं उनको प्रतीकों की संज्ञा प्रदान की जाती है। कला भी एक प्रकार का प्रतीक है, जिसका प्रस्फुटन महत्त्वपूर्ण आकारों में होता है। रीड[12] का कथन है कि यद्यपि कलाकार समाज को तथा उसके विश्वासों, आदर्शों और मूल्यों को लेकर चलता है, परन्तु अपनी रचनात्मकता एवं मौलिकता के कारण किसी

Mukherjee[10] feels that art generates those social symbols, images and traditional beliefs which, raising the status of human life, directs the society in such a manner that the *Satyaṃ* (truth), *Sivaṃ* (salvation) and *Sundaraṃ* (prettiness) destroy the feelings of fear, terror and suspicion from the human mind. According to Langer[11], the symbols are the depictions of the images produced on the mind by projecting the feelings on the physical objects. Thus art is also a type of symbol which is manifested in various forms. Reed[12] says that although the artist in general follows the society alongwith its beliefs, ideals and values, yet owing to his creativity and originality, he does not remain confined to any limit or restriction. He creates

मर्यादा अथवा सीमा से प्रतिबद्ध नहीं रहता है। वह अपने व्यक्तिगत गुणों के अनुसार अपनी निजी कल्पना के आधार पर कला का सृजन करता है। श्रीवास्तव[13] के अनुसार धर्म की अन्तर्वस्तु और अर्थ बोध को कला में आकार प्रदान किया जाता है। जिस प्रकार मूर्ति-पूजा में अर्थबोध निहित होता है, उसी प्रकार कला के आकारों में धर्म का मर्म निहित होता है।

art on the basis of his own inspiration, according to his personal qualities. Shrivastava[13] states that the content and meaning of religion is depicted in art. As there is a meaning in image worship, similarly the secret of religion is present in the art forms.

उपाध्याय[14] ने 'लोक' शब्द का व्याकरणपरक और लोक-साहित्य के परिप्रेक्ष्य में परिभाषापरक विश्लेषण प्रस्तुत किया है। लेखक ने 'लोक' को भौगोलिक क्षेत्र विशेष एवं कला विशेष के परिप्रेक्ष्य में देखा है और उसका अर्थ निश्चित किया है। लेखक के अनुसार लोक और कला तथा लोक-कला का तात्पर्य निम्नलिखित पंक्तियों में देखा जा सकता है :

Upadhyaya[14] has presented the grammatical analysis of word folk as well as its definitional analysis in the light of folk literature. The present author understands and defines the word 'folk' in the specific geographic as also in the specific art sense. His concepts of 'folk' and 'art' and folk-art can be presented in following lines :

लोक-कला का तात्पर्य इसके दोनों शब्दों 'लोक' और 'कला' में निहित है। लोक-कला अर्थात् लोक की कला। यद्यपि लोक और कला इन दोनों शब्दों के संदर्भ के अनुसार अलग-अलग और अनेक-अनेक अर्थ हैं, किन्तु दोनों एक साथ होकर एक नये संबोध को प्रकट करते हैं। 'लोक' जब 'कला' के विशेषण के रूप में प्रयुक्त होता है तो उसका अर्थ एक भौगोलिक सीमा या स्थान विशेष से प्रकट होता है। इसी प्रकार 'कला' जब 'लोक' की संज्ञा के रूप में प्रयोग की जाती है तो इसका अर्थ उस कला से होता है जो एक निश्चित भौगोलिक सीमा में रहते हुए उसी भौगोलिक क्षेत्र के भौतिक उपादानों, सामाजिक एवं सांस्कृतिक मूल्यों, धार्मिक विश्वासों, पारम्परिक चलनों के आधार पर मूर्तरूप में प्रकट की जाती है। इस प्रकार लोक-कला को निम्नलिखित रूप से लेखक ने पारिभाषित किया है :

The meaning of folk art lies in that of two words 'folk' and 'art'. Although both these words may have different meaning, varying according to context, but in combined form they present an altogether different concept. When the word 'folk' is used as an adjective to 'art', it denotes a particular geographical limit or specific place. Similarly, the noun 'art' being qualified by 'folk' indicates that art which is manifested in forms confined to a particular geographical entity and is based on the physical parameters, social and caltural values, religious beliefs and traditions of that region. Thus, the author defines folk art as follows :

"भौगोलिक क्षेत्र विशेष के उपादानों और उसके मूल्यों, पारम्परिक चलनों, धार्मिक विश्वासों, पौराणिक कथाओं तथा पुनीत प्रतीकों के सुन्दर संयोग का विभिन्न माध्यमों की सहायता से मूर्त एवं सार्थक निरूपण ही लोककला है।"

"Folk art is the physical and meaningful depiction of the beautiful combination of the aspects, values, traditions, beliefs, mythology and pious symbols of specific geographical entity through various media."

इस प्रकार लोक संस्कृति एवं लोकाचार का दृष्टिगत निरूपण ही लोककला है। जिस प्रकार साहित्य समाज का दर्पण है उसी प्रकार कला संस्कृति की आरसी है। संस्कृति का बिम्ब कला के रूप में भी प्रतिबिम्बित होता है। जिस प्रकार बिम्ब में परिवर्तन होने से प्रतिबिम्ब में परिवर्तन हो जाता है, उसी प्रकार संस्कृति के प्रभावित होने से कला प्रभावित हो जाती है। कला की श्रेष्ठता के लिए यह आवश्यक है कि संस्कृति भी श्रेष्ठ हो।

Thus, the objective presentation of folk-culture and folk-customs is the folk-art. As the literature is the mirror of the society, similarly the art is of culture. The art is the image for the object of culture. As the variation in object brings about change in the image, similarly if culture is affected by anything then the art is also affected. Only great culture can produce great art.

पूर्वी उत्तर प्रदेश के उत्तरांचल की लोकसंस्कृति एवं लोकाचार का सम्बन्ध धार्मिक विश्वासों, पौराणिक कथाओं और पुनीत प्रतीकों से है। इस क्षेत्र की प्रमुख नदी सरयू के उत्तर का क्षेत्र एक भौगोलिक एवं सांस्कृतिक इक़ाई है। उपलब्ध प्रामाणिक शोध के आधार पर ग्यारहवीं सदी से यह क्षेत्र 'सरयूपार' के नाम से विख्यात हुआ। यह नाम सर्वप्रथम कलचुरि नरेश सोढ़देव के कहला दानपात्र में प्राप्त होता है। (1077 ई.)।

The folk culture and customs of the northern part of eastern Uttar Pradesh are related with the religious beliefs, mythological stories and pious symbols. The territory of this region in north of river *Sarayu*, is a cultural unit. On the basis of the available genuine research, it is understood that this region, became known as *'Sarayūpār'* (trans-*Sarayu*) from 11th century. This term is noticed for the first time on the *Kahlā 'dānapātra'* of Kalchuri king Soḍhdeva (1077 A.D.).

श्रीमतसोढ़देवोमं सरयूपार जीवितं (तम्)[15] कहला अभिलेख गोरखपुर-आज़मगढ़ रोड पर कौड़ीराम (बाँसगाँव) तहसील के पास कहला नामक गाँव से मिला है। गोरखपुर से कहला लगभग चालीस किलोमीटर है।

Śrîmat-Sôḍhadêvô=yaṁ Sarayûp-âra-jîvitaṁ. This Kahla inscription has been found from the village Kahla in Tehsil Kaudiram (Bansgaon) on Gorakhpur-Azamgarh Road, about 40 Km. from Gorakhpur.

गाहड़वाल शासक गोविन्दचंद्र (1146 ई.) के 'लार' नामक कस्बे से मिले अभिलेख में भी 'सरुवार' शब्द मिलता है। *श्रीमद् गोविन्दचंद्रदेवो विजयी सरूवारे दुधाली सम्बद्ध*।[16] 'लार' सम्प्रति देवरिया ज़िले में स्थित है। यह अभिलेख ग्रामदान से सम्बन्धित है। इस अभिलेख को कीलहार्न ने प्रकाशित कराया था।

From another inscription of Gaharwal King Govind Chandra (1146 A.D.) obtained from the locality 'Lar', the word *'Saruvāra'* is seen. *Śrîmad-Gôvindachaṁdradêvô vijayî Sar[u]vāré Dudhâli-samvaddha.*[16] Lar is at present situated in district, Deoria. This inscription is related with the donation of a village (*grāmaḍāna*). *Keelhorn* got this inscription published.

"सरवार" शब्द "सरयूपार" का अपभ्रंश है।

The word *Sarvāra* is corrupted form of the word *Sarayūpāra*.

सरयूपार - सरजूपार - सरूवार - सरवार

य = ज (य का स्थान ज ने ले लिया)

व्यंजन ज ग़ायब हो गया। व्यंजन ग़ायब होने पर स्वर रह जाता है।

सरजूपार = सरूवार (ज का उ, र में मिल गया)

सरूवार कालान्तर में सरवार हो गया।[17]

सरूवार क्षेत्र के अंतर्गत स्थूलतः आधुनिक बहराइच, गोण्डा, बस्ती, गोरखपुर, महराजगंज, सिद्धार्थ नगर तथा देवरिया (ये सभी उत्तर प्रदेश के उत्तरांचल में) तथा बिहार के सीवान ज़िले का कुछ अंश आता है। सरयूपार का केन्द्रीय क्षेत्र है बस्ती, महाराजगंज सहित गोरखपुर, कुशीनगर सहित देवरिया। प्रस्तुत पुस्तिका में चुने गये कला प्रकारों के अवशेष इन्हीं ज़िलों में रहने वाले सरयूपारीण पंक्तिपावन परिवारों में विशेष रूप से बचे हैं। साथ ही, इसी क्षेत्र विशेष के परिवारों की कन्याएँ वधू बनने के बाद इन कलाओं को अपने साथ अन्य क्षेत्रों (विशेषकर बिहार के समीपवर्ती ज़िले सीवान और चम्पारन ज़िले तथा देश या विदेश) में ले जाती हैं। इस क्षेत्र की भौगोलिक स्थिति (फलक 1) में देखी जा सकती है।

फलक 1 : शोध क्षेत्र की भौगोलिक स्थिति

Saryūpāra-Sarjūpāra-Saruvāra-Saravāra

ya = Ja (*ya* has been replaced by ja)

The consonent Ja disappeared. On the disapperence of the consonent, only the vowel is left.

Sarjūpāra = *Saruvāra* (the sound u of ja got mixed up with ra).

Saruvāra changed to *Saravāra* in due course of time.[17]

The present day *Saryūpāra* (trans Sarayu) area includes the districts of Bahraich, Gonda, Basti, Gorakhpur, Maharajganj, Kushinagar and Deoria (all of these form the northern part of eastern U.P.), besides some part of Siwan district of Bihar region. The central region of '*Saryūpāra*' is Basti, Gorakhpur and Deoria. The remnants of the art forms discussed in the present monograph exist in the *Saryūpāreen Paṇktipāvana* families of these districts only. Moreover, the girls of this very region after their marriage take these art forms with them to other region (specially the neighbouring districts of Bihar like Siwān and Champāran or in other parts of the country or abroad). The geographic location of the region can be seen in (plate 1).

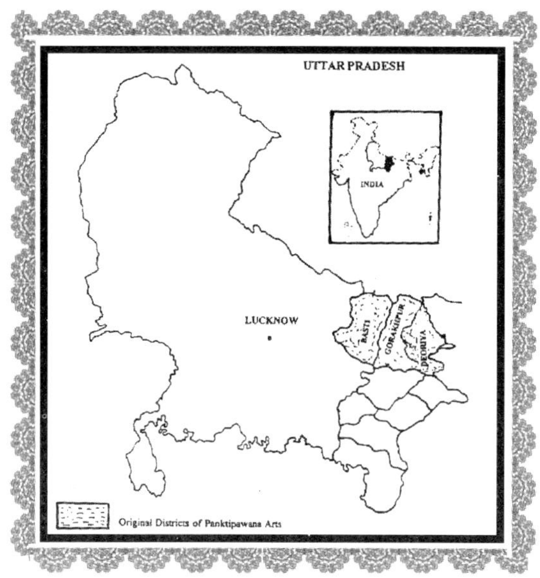

Plate 1 : Geographical Location of Research Area.

इस अंचल में सरयूपारीण ब्राह्मणों की एक शाखा 'पंक्तिपावन' के नाम से जानी जाती है। समाजविज्ञान की शब्दावली में इसे प्रजाति की संज्ञा दी जा सकती है। इस प्रजाति के कुछ निश्चित मूल्य, प्रतिमान, सिद्धान्त और कर्मकाण्ड होते हैं जिनका संक्षिप्त उल्लेख आगे किया गया है। निर्धारित मूल्यों एवं प्रतिमानों आदि को छोड़ देने वालों को 'पंक्तिदूषक' कहते हैं। क्षेत्रीय भाषा में इन्हें क्रमशः 'पतिहा' और 'टुटहा' कहा जाता है। प्राचीन पंक्तिपावनों और पंक्तिदूषकों के लक्षणों का उल्लेख मनुस्मृति (क्रमशः 3/183-86 और 3/150-68) में मिलता है।[18] इस क्षेत्र के पंक्तिपावन समुदाय के लोग अपना सम्बन्ध इस प्रकार के संदर्भों से मानते और जानते हैं। इसका आधार ये लोग स्वर्गीय स्वामी करपात्री जी महाराज के प्रवचन, कथन और उदाहरण को मानते हैं।

In this region a branch of Saryuparian Brahmins is known as *Paṇktipāvana.* In sociological terminology, it can be termed as a clan or offshoot. This clan follows certain values, ideals, principles and rituals which are briefly described later. Those who give up the fixed values and traditions are called *panktidūshaka.* In local terminology *patihā* and *ṭuṭahā* respectively. An ancient description of the virtues of *Paṇktipāvana* and *panktidūshaka* is found in *Manusmṛiṭi* (3/183-86 and 3/150-68 respectively).[18] The *paṇktipāvanas* living in these areas relate themselves with such citations. For this, they give credence to the rendering of Swami Karapatri.

देशकाल के प्रभाव के कारण निरन्तर पंक्तिपावन परिवारों की संख्या घटती चली जा रही है। इस समय लगभग 900 परिवार ही बच पाये हैं। इनमें सावर्ण, शांडिल्य, भार्गव, गौतम, गर्ग आदि अनेक गोत्रों के परिवार हैं। परिवारों की संख्या घटने से तात्पर्य है कि इस समुदाय के लोग नगरीकरण और मशीनीकरण से प्रभावित मूल्यों, आचारों, विचारों एवं प्रास्थितियों को अपनाते जा रहे हैं और तथाकथित पंक्तिपावन के आचार-विचार को छोड़ते जा रहे हैं।

Due to the influence of time, the number of *Paṇktipāvana* families is gradually decreasing. Presently, only about 900 families exist. They include families belonging to many *goṭras* like *Sāvarṇa Śāndilya, Bhārgava, Gautama, Garga* etc. The decline in the number of the families means that due to the effect of urbanisation and mechanisation, the people are gradually giving up their traditional customs and are adopting the new urbanised values, customs and thoughts.

यह स्थिति इस समुदाय के उन सभी परिवारों में स्पष्ट रूप से देखी जा सकती है, जो उपनगर, नगर या महानगर के पूर्ण आप्रवासी हो चुके हैं। जो आंशिक आप्रवासी हैं, अर्थात् जिनका सम्बन्ध मूल परिवार या संयुक्त परिवार के क्रिया-कलापों से विशेष रूप से जुड़ा है, वे स्थान, काल एवं पात्र को दृष्टि में रखते हुए पंक्तिपावनत्व का पालन करते हैं या छोड़ते हैं।

This can be noticed in almost all those families which have permanently migrated and settled in the cities, towns and metropolises. Those, who are partly migrated *i.e.,* their connection with the activities of their native place or joint families is maintained, follow their *Paṇktipāvana* traditional customs or leave them depending upon the circumstances.

'काल-चक्र' ने इन पंक्तिपावनों के आचार-विचार, यम-नियम एवं कर्मकाण्डों को प्रभावित किया है और ये दिन-प्रतिदिन हर रूप से शिथिल होते जा

The changing times have influenced their customs, thoughts, rules, regulations and rituals and the rigidness of these is gradually

रहे हैं किन्तु आज भी इनके अनेक सामाजिक कार्य-कलाप ऐसे हैं जिनसे इनकी स्वतंत्र पहचान सरयूपारीण ब्राह्मण परिवारों में देखी जा सकती है। ये लोग बारहों महीनें भोजन के समय ऐसे वस्त्र का प्रयोग करते हैं जो किसी भी प्रकार से सिला हुआ नहीं होता। महिलाएँ भोजन बनाते एवं भोजन परोसते तथा स्वयं भोजन करते समय मात्र एक सूती साड़ी का प्रयोग करती हैं। रूढ़ियों के प्रति विद्रोही विचार रखने वाली महिलाँए घर के सिले अधो वस्त्र 'साया' का प्रयोग करती हैं। कुछ रूढ़िवादी किन्तु अग्रणी परिवारों में 'मटके' (एक विशेष प्रकार के कीमती वस्त्र) के बने अंगिया (ब्लाउज) का प्रयोग भी प्रचलित है। इस समुदाय के लोग संस्कारों एवं कर्मकाण्डों में विधि-विधान का पूरा-पूरा पालन करने का प्रयास करते हैं। कन्या के विवाह के लिए कन्या पक्ष द्वारा वर का निरीक्षण तो किया जाता है किन्तु वर पक्ष के किसी भी व्यक्ति द्वारा कन्या का अवलोकन नहीं होता है। विवाह की स्वीकृति विश्वस्त सूत्रों से प्राप्त जानकारी के आधार पर दे दी जाती है। वर अपनी वधू को 'वधू-प्रवेश' के बाद ही देखता है। अब धीर-धीरे और क्रमशः फ़ोटो देखने की प्रथा चल पड़ी है। आज भी कहीं-कहीं बारात कन्या के घर पर पाँच दिनों तक रहती है। इधर लगभग आधे दशक से बारात तीन दिनों तक रूकती है। पिछले कुछ वर्षों से लगभग पूर्ण रूप से आप्रवासी हो गये परिवारों में पाँच दिन तक बारात के रोकने की परम्परा में शिथिलता आई है। ये लोग कुछ एक वर्षों से तीसरे दिन बारात की विदाइ कर देते हैं। केवल गिने-चुने एक-दो प्रतिशत परिवार ही ऐसे मिलेंगे जो दूसरे दिन बारात को विदा कर देते हैं।

slackening. Yet, even today in many of their social traditions and functions their identity among the *Saryupārian Brāhmins* can be noticed. These people never put on any sewn dress all through the year while taking food. Ladies, while cooking, serving or eating wear only a cotton *sari* preferably. A few modern ladies with revolutionary ideas against traditions wear undergarments. In some orthodox but well to do families blouses of 'maṭka' (a special type of costly cloth) are also used. The people of this community try to be careful in following every detail in their performance of rituals. At the time of marriage, the family members of the bride see the bridegroom but the bride is never shown to anybody of the bridegroom's family. The marriage is fixed on the basis of the information obtained from the knwon sources. The husband can see his wife only after she reaches his house. Now occasionally, a photograph of the prospective bride is sent on demand. Even today at some places, the marriage ceremony is celebrated for five days. Now for approximately half of a decade, the marriage party stays only for three days. During last few years, in the permanently migrated families, the duration of ceremony has been reduced to three days. Only about one or two per cent families complete the ceremony in two days.

इस समुदाय की महिलाएँ विभिन्न पर्वों एवं प्रसंगों के अनुरूप आँगन एवं दीवारों पर कला कृतियाँ बनाती हैं तथा कुछ कला प्रकारों का सृजन करती हैं। विभिन्न प्रकार की द्वि-आयामी एवं त्रि-आयामी आकृतियाँ भी बनाई जाती हैं। इनके

The ladies in this community make different art pieces and forms many of them on walls or floors on the occasion of various festivals and auspicious days. The medium they use are locally and easily available materials.

निर्माण के लिए क्षेत्रीय एवं सरलता से उपलब्ध भौतिक उपादानों का प्रयोग किया जाता है। प्रस्तुत पुस्तिका में निम्नलिखित कला प्रकारों का विश्लेषण किया गया है।

क्र.स.	*क्षेत्रीय प्रयोग*	*खड़ी बोली प्रयोग*	*संस्कृत प्रयोग*	*अंग्रेजी प्रयोग*
1.	चउकपूरन	भूमिचित्र	तंडुलकुसुमवलिविकाराः	फ्लोर पैटर्न
2.	लिखनी	भित्तिचित्र	आलेख्य	वाल डेकोरेशन या फ्रेस्को
3.	जनेव अइंठन	यज्ञोपवीत कला	सूत्रक्रीड़ा	सेक्रेड-थ्रेड वर्क
4.	थोपा	विशेषक या मुखादि पर चित्र-पत्र लेखन	विशेषकच्छेद्यम् या पत्रकछेद्यम्	पेपर कटिंग फ़ॉर बाडी डेकोरेशन

उपर्युक्त सभी कलाओं का उल्लेख प्राचीन ग्रन्थों - जैसे रामायण, महाभारत, भागवतपुराण, कामसूत्र, शुक्रनीति, प्रबन्धकोश, कलाविलास और जैन-बौद्ध धर्म के ग्रन्थों ललितविस्तार, जातकमाला, कल्पसूत्र और औपपातिक सूत्र इत्यादि में पाया जाता है।

1. चउकपूरन (भूमिचित्र)

भूमि पर चित्र बनाने की प्रथा मनुष्य के संस्कृत होने का प्रमाण देती है। हर संस्कृति में भूमिचित्र का स्वरूप देखा जा सकता है। इसी क्रम में पूर्वी उत्तर प्रदेश के उत्तरांचल की लोकसंस्कृति एवं लोकाचार में भूमिचित्र के अनेक रूप देखे जा सकते हैं। पंक्तिपावन लोग अनेक त्योहारों, शुभ-अवसरों एवं संस्कारों के समय आंगन में 'अइपन' (चावल के आटे को पानी में घोलकर तथा अवसरानुसार उसमें हल्दी मिलाकर या बिना मिलाये) की सहायता से अनेक रेखाचित्र बनाते हैं। ये इस भूमिचित्र को अपनी भाषा में चउकपूरन कहते हैं। अइपन को किसी चौड़े मुँह के पात्र में बनाया जाता है ताकि आसानी से हाथ की पाँचों अंगुलियाँ 'शंकु' का रूप धारण करके पात्र में जा सकें। एक निश्चित अनुपात में रूई या कपड़े का टुकड़ा चारों अंगुलियों के बीच में रख लेते हैं फिर अंगूठे का प्रयोग करके उस रूई

In the present monograph the following art forms are discussed.

S. N.	*Local term*	*Hindi term*	*Sanskrit term*	*English*
1.	Chauk Puran	Bhūmichitra	*Tandulakusu-mawalivikāra*	Floor Pattern
2.	Likhani	Bhittichitra	Ālekhya	Wall decoration
3.	Janev-Aithan	Yagyopavitā Kalā	*Sūtrakṛidā*	Sacred thread- work
4.	Thopā	Visheshaka Mukhādi per Patra Lekhan	*Viśehaka-Chhedyam* or *Patrakaćhh-edyam*	Paper cutting for body decoration

All these art forms are mentioned in ancient books like *Rāmāyana, Mahābhārata, Bhāgvata Purāṇa, Kāmasūtra, Sūkranīti, Prabaṇdha Koṣha, Kalāvilasa* and *Jain* and *Budhist* books like *Lalitavistara, Jātakāmalā, Kalpasūtra, Aupapatika-Sutra* etc.

1. Chauk Puran (Floor pattern)

The tradition of drawing on floor indicates the culture of a society. The floor designing can be seen in every culture. Accordingly, in the folk cultural tradition of the northern part of Eastern Uttar Pradesh, many forms of floor pattern can be seen. *Paṇktipāvana* make various types of drawings on floor on various festivals, auspicious days and *sanskāras* by using *'aipan'*, which is the rice-flour mixed in water and with or without turmeric powder depending upon the occasion. This art form, in local dialect, is called as *'Chauk Puran'*. This *'aipan'* is taken in a container with broad mouth so that all the five fingers of a hand in a conical form can be dipped in it. A piece of cotton or cloth is held in the fingers in a fixed proportion. Then it is pressed by the thumb so that the drops

या कपड़े को दबाते जाते हैं जिससे घोल अनामिका के छोर पर आ जाता है और अनामिका को, जैसा चित्र का रूप देना होता है उसके अनुसार सीधा, आड़ा-तिरछा, गोल, चौकोर या फिर आयताकार रूप से, घुमाते जाते हैं।

चउक पूरने के लिए पहले आँगन में झाड़ू-बुहारू देकर साफ़ करते हैं फिर पानी के साथ गाय का गोबर मिलाकर पूरे आँगन को 'लीपते' हैं। आँगन की भूमि के सूख जाने पर उस पर अवसर के अनुसार निर्धारित चित्र 'अइपन' के द्वारा बनाते हैं। उदाहरणार्थ - यहाँ 'पूर्णिमा चउक' और 'एकादशी चउक' का रूप प्रस्तुत है। क्रमशः (फलक श्वेत-श्याम 2 एवं 3)। रंगीन फलक पृष्ठ 75 से 18 तक।

(क) पूर्णिमा चउक

यह चउक कार्तिकी पूर्णिमा के दिन बनाया जाता है। चित्र के बीचो-बीच सिद्धिसदन गणेशजी, कमल, कुलिश, पाश और अंकुश से युक्त दिखाये गये हैं। इनके चारों ओर क्रमशः सूर्य, गदा, चंद्रमा, चक्र, सवत्सा कामधेनु, शंख, कलश और कमल दर्शाया गया है। भारतीय संस्कृति में इन प्रतीकों का महत्त्व अनेक विश्वासों, पौराणिक एवं क्षेत्रीय कथाओं एवं धार्मिक मूल्यों से जुड़ा है। चारों कोनों पर मीन (मछली) बनी हुई है। लोक कथाओं के आधार पर मछली शुभ का प्रतीक है और ईश्वर के एक अवतार 'मत्स्यावतार' का स्मरण कराती है, जिसमें ईश्वर ने मत्स्य का रूप धारण करके प्रलय के समय समस्त जीवों और बीजों को नौका की सहायता से हिमालय पर ले जाकर बचाया था, जिससे पुनः सृष्टि का क्रम प्रारम्भ हुआ। किनारों को मेहराबों एवं विभिन्न प्रकार के पुष्पों से सुसज्जित किया गया है। इसमें एक साथ अनेक प्रतीकों और कला प्रकारों को चित्रित किया गया है (फलक श्वेत-श्याम 2 व रंगीन 1)। कुछ अन्य भूमि चित्र के नाम हैं-अष्टदल, कुशबढ़ाव (रंगीन फलक 1, 2, 3 एवं 4) पृष्ठ 75 से 78 तक।

of the solution reach the tip of the ring finger and by the movement of that finger various figures like straight or curved lines, circles, rectangles etc. are drawn.

Before drawing, the floor is properly cleaned. Subsequently it is coated by the cow dung solution in water. After drying, the different paintings are drawn by '*aipan*'. For example two patterns viz. *Pūrṇimā chauk* and *'Ekādaśi Chauk'* are shown here in (Plates Black & White 2 & 3) respectively. Colour Plates Page 75 to 78.

(a) Pūrṇimā Chauk

This pattern is made on the full moon day of the month 'Kārtik'. In the centre of the figure Lord Gaṇeśa, with lotus, axe *(Kuliśa)*, noose *(pasa)* and goad *(aṇkuśa)* in his hands, is shown. Around him sun, club *(gadā)*, moon, wheel *(chakra)*, sacred cow with calf *(savastā kāmdhenu)*, conch, jar *(kalaśa)* and lotus are depicted. In Indian culture, these symbols are related with many beliefs, mythological and religious values. On all four corners fish is shown. Following folk tales, the fish symbolises welfare and reminds the fish *(matsya)* and incarnation of God, when He in form of a fish saved all organism and seeds, at the time of deluge *(pralaya)*, taking them to Himālaya by a boat. From them, therefore, the universe was reborn. The borders are decorated by various types of arches and flower designs. In it, numerous symbols art forms are depicted simultaneously (Plates Black & White 2 and Colour 1). Some other floor patterns are *aṣhṭadala, Kushbaḍhānva (*Colour Plate 1, 2, 3 & 4) Page 75 to 78.

फलक 2. कार्तिकी पूर्णिमाचउक (काग़ज़ पर)
चितेरी : हेमलता पाण्डेय (स.सु.) हेम-प्रेम

Plate 2 : Kārtīkī Full Moon Day Floor Pattern (on paper)
Artist : Hemlata pandey © Hem-Prem

(ख) एकादशी चउक

इसे कार्तिकी एकादशी के अवसर पर बनाते हैं। कार्तिकी एकादशी को देव प्रबोधिनी एकादशी या देवोत्थापन एकादशी भी कहते हैं। भोजपुरी भाषा में इसें 'डिठवन' एकादशी कहते हैं। चौक के किनारों पर आठ विकसित कमलों के फूल तथा आठ कमल कलियाँ लगायी गई हैं जो विकासोन्मुख हैं। इनके डंठल (नाल) को तीन रेखाओं द्वारा आपस में मिलते और बढ़ते दिखाया गया है, जो शरीर में व्याप्त तीन नाड़ियों इंगला, सुषुम्ना और पिंगला की प्रतीक हैं। बीच में चौकोर स्थान है। इसके बीचो-बीच जगत-पालक देवाधिदेव भगवान विष्णु के चरण को बनाया गया है।

(b) Ekāḍaśi Chauk

This is made on the eleventh day of the bright half (*Ekādaśī*) of the month of *Kārtika*. This *Ekādaśī* is also known as *devaprabodhinī* or *devotthāpana ekādaśī.* In Bhojpuri language, it is called as '*dithavana*' or Devathana. On the corners of the design, eight blossomed lotus flowers and eight yet to bloom lotus buds are shown. Their pedicels are shown joining and growing by three lines. These represent the three nerves of the body viz., *Ingalā, Sushumnā* and *Pingalā.* In the centre, there is a squarish space in which the footprints of Lord *Vishnu*–the world protector—are drawn.

फलक 3. कार्तिकी एकादशीचउक (काग़ज़ पर)
चितेरी : हेमलता पाण्डेय (स.सु.) हेम-प्रेम

Plate 3 : *Kārtīkī Ekādśī* Chauk Floor Pattern (on paper)
Artist : Hemlata Pandey © Hem-Prem

कार्तिकी एकादशी के अवसर पर आँगन को गाय के गोबर से लीप लिया जाता है। पिसे हुए चावल के घोल वाले अइपन में हल्दी मिलाकर घोल को पीला कर दिया जाता है। फिर इस चउक को उसी तरह बनाते हैं जैसे पूर्णिमा चउक को। पूर्णिमा चउक के लिए उपयोग में लाया अइपन बिना हल्दी का होता है, जबकि एकादशी चउक के लिए प्रयुक्त अइपन में हल्दी मिलाना आवश्यक है। इस पूरे चउक को बना लेने के बाद बीच का चौकोर स्थान ख़ाली छोड़ देते हैं। फिर सायंकाल के समय पंडित या पुरोहित से शुभ मुहूर्त ज्ञात करके ठीक उसी समय भगवान श्री विष्णु का पाँव उस ख़ाली स्थान पर उकेरते (बनाते) हैं। फिर जल, फूल, दीप और धूप आदि से पूजन करके नैवेद्यस्वरूप फलाहार चढ़ाते हैं। इसमें आँवला, सिंघाड़ा, सकरकंदी और

On the day of *Kārtiki Ekādaśī*, the floor of the courtyard is coated by cow-dung. The solution of rice-flour *'aipan'* is mixed with turmeric powder to 'make it yellow'. Then the pattern is made in the same way as *'Purṇimā Chauk'*. The difference is that the *aipan* used for *'Purṇimā Chauk'* is without turmeric while that for *'ekāḍaśī'* must be yellow with turmeric. The chauk is completed except the central space which is left empty. Then in the evening some priest or astrologer tells the auspicious time and exactly at that time the foot prints of Lord Vishnu are drawn in that space. Then, it is worshiped by water, flowers, incense *(dhūpa)* and lamp *(dīpa)* and offerings of fruits which include 'anvala' (a kind of myrobalan) *'singhāḍā'* (water chestnut), *'sakarkandi'* (sweet potato) and sugarcane. Four big

ईख चढ़ाया जाता है। चार बड़े पूरे गन्नों को चारों तरफ़ खड़ा करके इनके पत्तों को आपस में बाँध देते हैं। अब ये गन्ने मंडप का रूप ले लेते हैं। यह दृश्य बड़ा मनमोहक होता है। रात्रि में शयन के पहले इस स्थान पर आरती होती है। पुनः उसी रात्रि की ब्राह्मबेला में इस चौक के बीच बने श्री विष्णु भगवान के पाँव को गुनगुने पानी से पखारते हैं। इसका तात्पर्य यह है कि, हे हरि! अब आप उठिये और हम गृहस्थों के सभी शुभ कार्यों में उपस्थित होइये और उसे संचालित करिये। इसके बाद से ही पूर्वी उत्तर प्रदेश के ख़ासकर उत्तरांचल (साखांचल) क्षेत्र के सभी शुभ और मांगलिक कार्य प्रारम्भ होते हैं (फलक श्वेत-श्याम 3 व रंगीन 2)।

2. लिखनी (भित्तिचित्र)

विभिन्न मांगलिक अवसरों एवं त्यौहारों पर दीवार के ऊपर बनाये गये चित्र एवं आकृतियों को क्षेत्रीय भाषा में लिखनी की संज्ञा दी गयी है। संस्कृत और क्षेत्रीय लोक साहित्य में चित्रकला सम्बन्धी उल्लेख बहुतायत से प्राप्त होते हैं। संस्कृत साहित्य की अनेकानेक रचनाओं में चित्रशालाओं अर्थात् आलेखित केलिगृहों का वर्णन मिलता है। प्रागैतिहासिक काल से ही भित्तिचित्रों की परम्परा चली आ रही है। कालान्तर में इस परम्परा को लगभग सभी संस्कृतियों ने अपनाया।

इन भित्तिचित्रों को शुभ अवसरों एवं त्यौहारों के अनुरूप नाम दिया जाता है जैसे कोहबर, पीड़िया या रूद्रव्रत और करवाचौथ इत्यादि। यहाँ 'कोहबर' का चित्र प्रस्तुत किया गया है। कोहबर उस भित्तिचित्र को कहते हैं जो विवाह के अवसर पर बनाया जाता है। कोहबर बनाने (लिखने) का कार्य लड़की या लड़के की शादी निश्चित हो जाने तथा 'वरक्षा और फलदान' के बाद से प्रारम्भ हो जाता है। एक सम्पूर्ण कोहबर को लिखने में पांच दिन से 90 दिन तक लगते हैं। 5 दिन में बनाया कोहबर अत्यंत संक्षिप्त होता है जबकि 90 दिन में

sugarcanes are erected and tied with each other in such a way that they form a canopy. It looks beautiful. In the night, before departing *ārati* is performed. At next dawn the Lord's foot prints are washed by lukewarm water. It means to request Lord to get up and be present and help them to perform all their deeds. Only after such worship, all the auspicious works of the people of this region (*Sākhānchal*) commence (Plate Black & White 3 and Colour 2).

2. *Likhanī* (Wall decoration or Fresco)

On various auspicious days, the figures drawn on walls are locally termed as '*likhani*'. In *Sanskrit* and regional literature, there are numerous references of paintings. In many works of *Sanskrit* literature, descriptions of art galleries (*ćiṭraśālās or ālekhit-keligṛha)* are present. There has been the tradition of wall paintings even since the pre-historic times. Subsequently, this has been adopted by almost all cultures.

These wall decorations are named according to occasions such as '*Kohbar*', '*Piḍiya or rudravrata*', '*Karwā Chauth*' etc. Here the figure of '*Kohabar*' is shown. It is drawn on the occasion of marriage. The making of '*Kohabar*' begins after the fixation of the marriage of daughter or son and after the formal fixation ceremony called '*varaksha*' or '*phaladāna*'. Five to ninety days time is required to complete a '*Kohabar*'. While the one made in five days is quite abbreviated, that made in ninety days is full of beauty

बनाया गया कोहबर, सौंदर्य एवं धार्मिक प्रतीकों से भरापूरा होता है। संलग्न कोहबर चित्र का संक्षिप्त वर्णन करने के लिए इसे तीन पंक्तियों में विभक्त कर सकते हैं। इनका वर्णन बांये से दाहिने क्रम में दर्शनीय है (फलक श्वेत-श्याम 4 व रंगीन 6)।

and religious symbols. To describe the accompanying figure of 'Kohabr' we can divide it in three lines. From left to right they are as follows: (Plate Black & White 4 and Colour 6).

फलक 4. पंक्तिपावन कोहबर (काग़ज़ पर)
चितेरी : हेमलता पाण्डेय (स.सु.) हेम-प्रेम

Plate 4 : Paṇktipāvan Kohabar (on paper)
Artist : Hemlata Pandey © Hem-Prem

प्रथम पंक्ति : पद्मासन मुद्रा में ब्रह्मा, ऋद्धि और सिद्धि से सेवित गणेश और पुनः पद्मासन साधे अपने आयुधों से सुशोभित तथा पत्नी पार्वती द्वारा सेवित शिव।

Top Line: Brahmā in *Padmāsna* pose, Lord *Gaṇeśa* with his consorts *Riḍdhi* and *Siḍdhi* and again Lord *'Śiva* in *padmāsana* pose with his emblems and accompanied by his wife *Pārvaṭi.*

द्वितीय पंक्ति : शेषशायी एवं पत्नी लक्ष्मी द्वारा सेवित भगवान विष्णु। साथ में उनके आयुध। कामदेव के वाहन तोते, समृद्धि का सूचक कमल, पवित्रता, तेज एवं साक्षी के प्रतीक अग्नि देवता, ज्ञान एवं शान्ति के प्रतीक सूर्य एवं चंद्र, स्थान

Middle Line: Lord Vishṇu lying on serpent *Śesha,* his wife *Lakshmī* and his emblems. Parrot the carrier of *Kāmadeva* (Cupid), lotus representing prosperity, *Agni* (Lord fire) representing sacred-ness, glory and testimony, Sun and Moon symbolising knowledge and peace

देवता के सात गण जिन्हें 'सिंहनी' कहते हैं तथा आसुरी प्रवृतियों से रक्षा के प्रतीक दम्पति जीवता एवं जीवती को दिखाया गया है।

respectively, seven characters for *sthānadevatā* (Lords of local place) known *as Simhinī and the couple Jīvata and Jīvatī*-the protectors from ills – are depicted.

तृतीय पंक्ति : शुभ का प्रतीक जलपूरित कलश, नारियल एवं आम का पल्लव, पल्लवयुक्त हरे बाँस का पेड़ तथा इसके दोनों ओर मोर दम्पति का प्रेमालाप प्रदर्शन तथा वरवधू को एकाकार होकर ऊर्ध्वता प्राप्त करना। नीचे नवग्रह को शंकुरूप में दर्शाया गया है।

Bottom Line: The vessels full of water (*Kalaśa*) representing auspiciousness, coconut, mango leaves, bamboo tree with green leaves, peacock pair on both sides of all these symbolising the union of the husband and wife. Below the nine planets are shown in conical forms.

3. जनेव अइंठन या यज्ञोपवीत कला

3. *Janev-ainṭhan or Yagyonpavīṭa Kala* (Sacred thread work)

सवर्ण हिन्दुओं के प्रमुख सोलह संस्कारों में यज्ञोपवीत संस्कार को ग्यारहवाँ संस्कार माना गया है। इसे उपनयन सस्कार भी कहते हैं। इस संस्कार के बाद जातक या व्यक्ति को आजीवन यज्ञोपवीत धारण करना (पहनना) पड़ता है। मनुस्मृति नामक ग्रंथ में ब्राह्मण के लिए कपास के सूत का, क्षत्रिय के लिए जूट या सन के सूत का तथा वैश्य समुदाय के लिए भेड़ के ऊन के सूत का जनेऊ या यज्ञोपवीत धारण करने का उल्लेख है -

कार्पा समुपवीतं स्याद्विप्रस्योर्ध्ववृतं त्रिवत्।
शणसूत्रमयं राज्ञो वैश्यस्याविक सौत्रिकम्।।
(मनुस्मृति/अ. 2/44)

Among the upper caste Hindus *(savarṇas)*, the thread ceremony is the 11th out of the 16 ceremonies (*samskāras)* prescribed It is also called as *Upanayana.* After this ceremony the person has to put on the sacred thread all thorugh his life. In *Manusmriti,* it is mentioned that the *Brahmin* should put on the thread made of cotton, the *Kshatriya* that of jūṭa or *'san'* (a kind of flax) and *Vaishya* of sheep wool.

Kārpā Samupaveethaṃ Syādvi-prasyordhvavṛitam Trivrat
Saṇasutramayaṃ Rājnovaishyavik Sautrikaṃ.
(*Manusmriti* / Ch. 2/44).

ब्राह्मण का यज्ञोपवीत कपास के सूत का, क्षत्रिय का सन के सूत का और वैश्य का भेड़ के बाल (ऊन) के बने सूत का होना चाहिए। यह दक्षिणावर्त ऐंठा (बँटा) हुआ और तीन लड़ी का होना चाहिए।

The sacred thread should be made of cotton, jūṭe and hair of a sheep (Wool) for *Brāhman, Kshattriya* and *Vaishya* respectively. It should be twisted right handedly upwards and consist of three row threads.

यहाँ हम संक्षेप में कपास या रूई से बने जनेऊ या यज्ञोपवीत को बनाने का उल्लेख करेंगे, फिर यज्ञोपवीत से बनी आकृतियों का वर्णन एवं उनके संग्रह तथा उपयोग का उल्लेख करेंगे।

Here we briefly describe the process of making *yagyopavīta* from cotton thread and then discuss the art pieces made of this and their uses.

3.1 कपास से जनेऊ या यज्ञोपवीत की प्रक्रिया

बीज युक्त कपास की गाँठ से बीज को हाथ की उँगलियों से अलग कर लेते हैं।

फलक 5 : कलाकर्त्री श्रीमति किशोरी देवी (66 वर्षीय)

इस प्रकार गोल-मटोल कपास की गाँठ को दोनों हाथों की तर्जनी उँगली (इण्डेक्स फिंगर) और अँगूठों की सहायता से 'धुनते' और 'तुनते' हैं। ऐसा करने से कपास के रेशे साफ और मुलायम हो जाते हैं। अब तक कपास रूई के रूप में परिवर्तित हो जाती है। इस रूई की 'पूनी' बना लेते हैं। इस 'पूनी' और 'टिकुरी' (तकुआ या तकली) के प्रयोग से अत्यन्त बारीक सूत निकालते हैं। दायें हाथ में पूनी (रूई का बेलनाकार गोला) लेते हैं और दाहिने हाथ में

3.1 Process of Making *Yagyopavīṭa* or *Janeu* from Cotton thread

To begin with the seeds are separated from the cotton by hand. Thus, the bundle of cotton is carded by index finger and thumb of both the hands. Thus, the cotton fibres become clean and soft. Now the raw cotton changes to *'punee'* (combed cotton). From this is made the spindle of cotton. With the help of a *'tikuri'*, *'takuā'* or *takali* (bobbin), thin thread is spun. In the left hand the spindle is held and in the right the *'takuā'*, which is rotated by the help of the index finger and thumb. A wooden bowl is kept below the *'takuā'*, which is called as

Plate 5 : Artist Smt. Kishori Devi (66 Years)

तकुआ लेकर अँगूठे और तर्जनी उँगली से उसे घुमाते जाते हैं। तकुए के नीचे काठ की कटोरी रखते हैं। इसे 'डोकवा' कहते हैं। तकुआ घुमाते समय इसी डोकवा (कटोरी) को आधार बनाते हैं। एक छोटी काठ की कटोरी में अलग से सूखा चूना पीसकर रख लेते हैं। इस सूखे चूने का उपयोग दाहिने हाथ के अँगूठे और तर्जनी में लगाने के लिए करते हैं ताकि पसीना न होने पाये और तकुए को घुमाने में सुविधा हो। इससे उत्पन्न ऐंठन द्वारा रूई धागे के रूप में बँटने लगती है। बाँया हाथ जितनी दूर तक जाता है, उतना बड़ा धागा एक बार में तैयार हो जाता है। इस अत्यन्त बारीक कते हुए धागे को तकुए पर लपेट लेते हैं। लेखक के अपने संग्रह में अत्यन्त महीन धागा है, जिसकी मोटाई 0.037 मि. मी. है। इसे माइक्रोमीटर से मापा गया है। इस धागे को कातने वाली महिला श्रीमती किशोरी देवी हैं। ये गोरखपुर की निवासी हैं (फलक श्वेत-श्याम 5 व रंगीन 25 एवं 26)। इस प्रकार बारीक सूत जब काफ़ी इकट्ठा हो जाता है तो इस सूत से जनेऊ या यज्ञोपवीत बनाना प्रारम्भ करते हैं। यज्ञोपवीत बनाने के लिए लोहे की 9 इंच लम्बी तीन खूँटियाँ लेते हैं। इन तीनों खूँटियों को समद्विबाहु त्रिभुज के रूप में ज़मीन में ठोक देते हैं। दो खूँटियों के बीच की दूरी एक बित्ता (बालिश्त या हथेली फैलाने पर अँगूठे और छोटी उँगली के बीच की दूरी) तथा दोनों खूँटियों से तीसरे खूँटी की दूरी पाँच बित्ता होती है। इन्हीं तीनों खूँटियों पर कते सूत को निश्चित क्रम में लपेटते जाते हैं। हर नौ फेरे के बाद एक तिनका लगा देते हैं। इस प्रकार नौ-नौ धागों की तीन-तीन सतह बन जाती हैं। एक सतह, अर्थात् नौ धागों को बटकर एक धागा बना लेते हैं। इस प्रकार सत्ताइस धागों के तीन धागे बन जाते हैं। इसे ब्रह्म गाँठ (एक विशेष गाँठ) लगाकर जोड़ देते हैं। यह तीन धागों वाला जनेऊ 'तिरसुत' (तीन सूतों वाला) कहलाता है। दो तिरसुत को जब एक साथ जोड़ देते हैं तो वह 'जोरी' (जोड़ी) के नाम से जाना जाता है। जनेऊ के ये

'Dokba'. This *'Dokba'* works as a base for the movement of the *'Takuā'*. In another small wooden bowl, a little lime dry powder is taken. This is used to soil the right hand fingers to avoid sweating and to facilitate the moving of the *'Takuā'*. Due to its movement, the cotton gets twisted and the thread is spun. In one stretch, the thread as long as the left hand can extend, is spun, which is then rolled up around the *'Takuā'*. The author has a thin thread in his personal collection which has got thickness (diameter) of 0.037 mm. It has been measured by a micrometer. This thread is spun by Mrs. Kishori Devi of Gorakhpur (Plates Black & White 5 and Colour 25 &26). When sufficient thread is ready, *janeu* is made of this. To make *janeu,* three iron pegs of approximately 9" length are taken. They are fixed in the ground in form of a bilateral trangle. Taking the distance between two pegs as one span, the third one is placed at five spans from the rest two. On these three pegs, the thread is wound in a fixed manner. After every nine rounds a stick is tied. By this process three layers of nine threads each are obtained, and thus we get three threads from original twenty seven threads. They are tied with a super knot called *'bṛahmagānth'*. This three threaded janeu is called as *'Trisūta'*. A pair of *'Trisuts'* is called *'jori'*. These three threads of a *janeu* symbolise knowledge, discipline and action. The *Janeu* is always put on in pair or *'jori'*. It is because (*a*) in a pair the janeu becomes strong due to six threads, (*b*) even if one or two threads break its sanctity is still retained as three threads are still intact and (*c*) a paired *janeu* is considered auspicious. Threfore, in all religious functions only pair *janeu* is put on. There has been a tradition to colour the *janeu* in yellow by turmeric.

तीन सूत क्रमशः ज्ञान, अनुशासन एवं क्रिया के प्रतीक हैं। जनेऊ हमेशा जोरी के रूप में पहना जाता है। जोरी जनेऊ पहनने के तीन उद्देश्य हैं। (क) छः सूत हो जाने से हर सूत की मज़बूती बढ़ जाती है। (ख) यदि एक या दो सूत टूट भी जाये तो जनेऊ और उसका धारक दोनों पवित्र बने रहते हैं, क्योंकि तीन धागा तो बचा ही रहता है। समय पाकर इस टूटे जनेऊ को निकालकर दूसरे जोड़ी जनेऊ को पहन लेते हैं, (ग) जोड़ी जनेऊ पहनना शुभ का प्रतीक है। सभी मांगलिक कार्यों में जोड़ी जनेऊ ही पहनते हैं। जनेऊ को धारण करते समय हल्दी में रँगने की प्रथा रही है।

3.2 जनेऊ या यज्ञोपवीत से त्रि-आयामी आकृतियों तक की प्रक्रिया

चूँकि जनेऊ प्रतिदिन के उपयोग की वस्तु रही है और आये दिन दैनिक कार्यों के करने-धरने के बीच टूटने वाली वस्तु रही है, अतः इसका संग्रह उचित मात्रा में प्रत्येक परिवार में सदा होता रहा है। संग्रह के समय आपस में उलझने से बचाने और रख-रखाव में सुविधा हो इसके लिए इन जनेऊओं को विभिन्न आकृतियों में बनाकर रखने

3.2 Process of making three dimensional patterns with the *janeu*

As the janeu is a thing of daily use which often breaks, it is customary that every family maintains a good storage of it. While storing, the system of making different patterns started to avoid the tangling of the janeu and to facilitate to the storing. Since, the art is a natural human instinct, the ladies of *Paṇktipāvanas* have been making various one, two or three dimensional

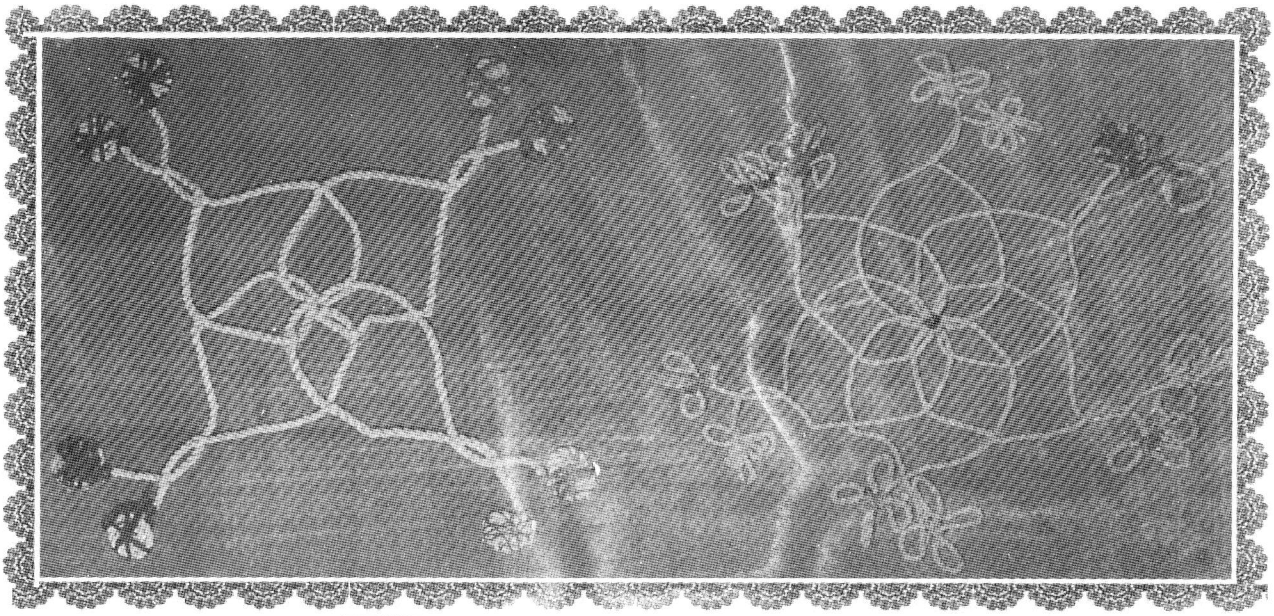

फलक 6 : ज्यामितीय आकृतियाँ
कलाकर्त्री : श्रीमती किशोरी देवी

Plate 6 : Geometric Shapes
Artist : Smt. Kishori Devi

की प्रथा प्रारम्भ हुई। चूँकि कला मानव के अंदर नैसर्गिक रूप से विद्यमान है अतः परिवेश के उपादानों से पंक्तिपावन समाज की महिलाएँ इस जनेऊ को एक, दो और त्रि-आयामी आकृतियों में बनाती रही हैं। यह कार्य महिलाओं के ही हिस्से इसलिए आया कि पुरुष बाहरी कार्यों में व्यस्त रहते थे और महिलाएँ इसके लिए अपने ख़ाली समय का उपयोग करती रहीं। परिवेश के उपादानों का अर्थ है कि ग्रामीण संरचना में जो कुछ आस-पास उपयोगी मिलता रहा उसका प्रयोग इन त्रि-आयामीय आकृतियों के लिए किया जाता रहा। जैसे—कड़े काग़ज के स्थान पर पोस्टकार्ड। सुई, धागे, धोती ब्लाउज और चादर आदि के छोटे-बड़े टुकड़े या उपयोगी कतरनें।

कला-कृतियों को बनाने के लिए जनेऊ को ऐंठन दे-देकर कई जनेऊ एक साथ रख लेते हैं। फिर चिट्ठी के रूप में घर आये पुराने पोस्टकार्ड को अनेक आकृतियों में काट लेते हैं। आकृतियाँ मुख्य रूप से

patterns of the *janeu,* taking inspirations from their surroundings. This has been primarily the occupation of the ladies only, as they could use their spare time for this, while the gents were more busy in outside jobs. For these three dimensional shapes, the other things they use are those which are easily available in the surroundings. For example, a hard board or more commonly an old post-card, needle, thread, cloth of old 'dhoti', 'sari', 'blouse' or small pieces or cuttings of clothes etc.

To make the patterns, many 'janeus' are curled in one. Then some old used post cards are cut in different designs. These designs are primarily geometric, images of Gods and

फलक 7 : जनेऊ की जलेबी एवं इमरती
(एक प्रकार की मिठाई)
कलाकर्त्री : श्रीमती किशोरी देवी

Plate 7 : *Jalebi* and *Emarati* of Sacred Thread
(A kind of sweet meal)
Artist : Smt. Kishori Devi

फलक 8 : विभिन्न आकृतियाँ
कलाकर्त्री : श्रीमती जया त्रिपाठी

Plate 8 : Multi Shapes
Artist : Smt. Jaya Tripathi

ज्यामितीय, देवी-देवता, शुभ पशु-पक्षी, तारों-नक्षत्रों एवं उपयोगी वाहनों से सम्बन्धित होती हैं। इन आकृतियों के ऊपर रंगीन कपड़े लगाकर पीछे की ओर से सुई और धागे से बारीक सिलाई कर देते हैं। किस महिला ने कितनी बारीकी से हाथ द्वारा सिला है, यह उसकी कुशलता और

Goddesses, auspicious animals and birds or related with stars or useful carriers (animal) etc. Then these designs are covered by coloured clothes and sewn very finely. The fineness of sewing is stitched. First one end of the *janeu* is stitched by needle and

फलक 9 : विभिन्न आकृतियाँ (पंखा व चिड़ी)
कलाकर्त्री : श्रीमती जया त्रिपाठी

Plate 9 : Multi Shapes (Fan & Club)
Artist : Smt. Jaya Tripathi

निपुणता पर निर्भर होता है। इसके बाद उस आकृति विशेष पर ऐंठन देकर रखे जनेऊ को विभिन्न डिज़ाइनों में मढ़ते जाते हैं। पहले जनेऊ के एक सिरे को सुई-धागे की सहायता से सिलाई करके फँसा देते हैं, फिर डिज़ाइनों के बीच में टाँका देते जाते हैं। चूँकि जनेऊ भी इस समय सफ़ेद ही होता है और सफ़ेद डोरे से टाँक दिया जाता है, अतः ऐंठा हुआ जनेऊ किस तरह आकृति पर मढ़ा हुआ है, यह दूर से स्पष्ट नहीं हो पाता। इसके बाद आकृति की प्रकृति के अनुसार उसे मोती, सितारों और घर में बचे ऊन के धागों से सजाते हैं। इस तरह आकृति तैयार हो जाती है। कुछ आकृतियाँ बिना आधार के भी बनाई जाती हैं। जैसे—चार दलीय, आठ दलीय, अनेक दलीय तथा जलेबी और इमरती वाली आकृति। (फलक 6 और 7)। जनेऊ से त्रि-आयामी आकृतियाँ भी बनाई जाती हैं (फलक श्वेत-श्याम 8, 9 और 10 व रंगीन 19 से 22)।

then the designs are gradually stitched. Since both the *janeu* and the stitching thread are white, from a distance it is not possible to guess how the *janeu* is attached to the design. Now, depending upon the nature of the design, the pattern is decorated by pearls, stars or wool pieces available in homes. Thus, the pattern is ready. Some patterns are made even without any base e.g., four-petalled, eight-petalled, multipetalled or shapes of *'jalebi'*, *'imarti'*, etc. (Plates 6 and 7). Three dimensional objects are also prepared by the sacred thread (Plates Black & White 8, 9 and 10 and Colour 19 to 22).

चित्र 10. नव दम्पति (रिक्शा पर)
कलाकर्त्री : श्रीमती दुर्गावती त्रिपाठी

Plate 10 : New Couple (on Riksha)
Artist : Smt. Durgavati Tripathi

3.3 आकृतियों का संग्रह, उपयोग एवं वितरण

पंक्तिपावन समुदाय की कुशल चितेरी और धार्मिक मूल्यों एवं विश्वासों में विश्वास रखने वाली महिलाएँ सतत जनेऊ कातती और उनसे आकृतियाँ बनाती रही हैं। ऐसी सुघड़ महिलाओं के

3.3 Collection, use and distribution of patterns

The ladies of *'paṇktipāvana'* families, who are skilled, artistic and religious minded, have always been spinning *janeu* and making patterns out of it. Such ladies always posses bundles of

पास जनेऊ सदा तैयार मिलता रहा है। आवश्यकता पड़ने पर परिवार के किसी पुरुष को या गाँव में पट्टीदार के घर जनेऊ की आवश्यकता पड़ने पर ऐसी कुलीन महिलाएँ स्वतः जनेऊ देती और भिजवाती रही हैं। हर गाँव में एक या दो महिलाएँ इस कला के लिए जानी और मानी जाती रही हैं। यह उस महिला और परिवार के लिए गर्व का विषय होता रहा है कि अमुक महिला और परिवार से तत्काल जनेऊ मिल गया। वह महिला गुणी और उसका परिवार गाँव में प्रतिष्ठित समझा जाता रहा है।

घरेलू उपयोग के अतिरिक्त अन्य अनेक पारिवारिक और सामाजिक अवसर एवं समारोह के समय सादे जनेऊ और आकृतियुक्त जनेऊ का उपयोग होता रहा है। दो एवं तीन आयामी आकृतियों को घर आये सम्माननीय एवं सजातीय अतिथियों को सामर्थ्य के अनुसार द्रव्य, गरी, छुहारा, लौंग, इलायची और सुपारी के साथ कपड़े एवं डोरी द्वारा निर्मित बटुए में देते हैं। दो और त्रि-आयामी अधिक से अधिक आकृतियों को बेटी की विदाई के समय उसके साथ ससुराल में भेजा जाता है। त्रि-आयामी आकृतियाँ जहाँ अतिथि कक्ष एवं शयन कक्ष की शोभा बढ़ाते हैं, वहीं वधू के मातृ परिवार के कला प्रेमी एवं सुसंस्कृत होने का परिचय देते हैं।

4. थोपा कला

थोपा शब्द भोजपुरी भाषा का है। थोपा शब्द संस्कृत के 'स्थापना' शब्द से निकला है। इसकी यात्रा कुछ इस प्रकार पूरी होती है—स्थापन - थापन - थापना - थाप - थापा और थोपा। इसका भावार्थ है—किसी स्थान विशेष पर न बहुत कम और न ही अधिक गीले पदार्थ की तह जमाना या लेप चढ़ाना। इस प्रकार तह जमाते हुए जिस कला को बनाया जाय उसे थोपा कला कहेंगे। थोपा कला को हिन्दी, संस्कृत और अंग्रेज़ी भाषा में क्रमशः

jeneu with them. On requirement by any family, these ladies supply *janeu*. In every village one or the other lady is famous for this art. It is a matter of pride for that lady and also her family that janeu was immediately available with her. That very lady and her family at this are respected in the village.

Besides domestic uses, the plain and patterned *janeu* has also been in use on many family and social functions. Two or three dimensional pieces are offered to respected guests as a gesture of respect alongwith a little money as presentation (according to one's capacity), a piece of kernel of coconut, date palm, clove, cardamom and the betel nut keeping in a purse made of cloth and rope. As many two or three dimensional pieces as possible are sent with the daughter at the time of her send off to her inlaw's house. The three dimensional patterns, while decorating the guest room or bed room on one hand, also indicate on the other hand the cultured and art loving nature of the maternal family.

4. Thopā Art

Thopā is a Bhojpuri word. The word *'Thopā'* is derived from the *Sanskrit* word *sthāpanā*, the derivation is something like this-*sṭhāpan-thāpan-thāpanā-thāp-Thāpā-Thopā*. It means to put a coating of some semi-wet material on a specific place. Any art form which is made by such coatings will be called as Thopā-art. Thopā-art is known as *'patrabhanga' or 'patrāwali kalā'* in Hindi, *viśeshakachhedyam or patakachhedyam* in

पत्रभंग या पत्रावली कला, विशेषकच्छेद्यम् या पत्रकच्छेद्यम् तथा पेपर कटिंग फॉर बॉडी डेकोरेशन आर्ट या आर्ट बाई स्टेन्सलिंग कहते हैं।

अंगों के शृंगार का प्रचलन पुरुष तथा स्त्री दोनों ही वर्गों में प्रारम्भ से ही रहा है। फिर भी नारी अपने अंग-प्रत्यंग के शृंगार में सदा ही पुरुषों से आगे रही है। सोलह-शृंगार का उल्लेख तो नारी के नख से शिख तक के अंगों की सुन्दरता बढ़ाने के लिए करने या कराने के संदर्भ में आता है। इसके विशद अध्ययन के लिए सुभाषितावली, मधुमालती, प्रेमाख्यान काव्य, अमरूकशतक, आर्यासप्तशती, अलंकार शेखर, कामसूत्र तथा आदिकाल के कुछ ग्रन्थ; जैसे—संक्षिप्त पृथ्वीराज रासो, ढोला मारू रा दूहा तथा पद्मावत आदि देखे जा सकते हैं। पद्मावत में वर्णित एक दोहा पठनीय है।[19]

पुनि सोरह सिंगार जस चारिहु जोग कुलीन।
दीरघ चारि, चारिलघु, चारि सुभर चहुँ खीन।।

महाकवि जायसी ने इस महाकाव्य में शृंगार को चार मुख्य भागों में बाँटा है और हर भाग में अंगों के शृंगार को नियत किया है। दोहे के अनुसार चारों भागों के नाम और उनके अन्तर्गत आने वाले अंगों के नाम इस प्रकार हैंः— (क) *दीर्घ शृंगार* : केश, हाथ (हथेली और उँगलियाँ) नेत्र एवं ग्रीवा के शृंगार। (ख) *लघु शृंगारः* दाँत, कुच, ललाट और नाभि के शृंगार। (ग) *सुभर शृंगार* : गाल, नितम्ब, कलाई और जाँघ के शृंगार। और (घ) *क्षीण शृंगार* : नाक, कटि, पेट और अधर या होठ के शृंगार।

नव वधू या नायिका के ललाट, माँग प्रदेश, कपोल, चिबुक, उरोज एवं नाभि, त्रिवली, जंघों, चरण का ऊपरी हिस्सा, चरण का किनारा लिये बाहरी हिस्सा (एड़ी सहित) तथा हाथ-पाँव के नाखूनों और हथेलियों को क्रमशः कस्तूरी, चंदन, जावक, महावर, अलतक और मेंहदी आदि से लेप करके रँगने का उल्लेख उपर्युक्त प्राचीन ग्रन्थों में

Sanskrit and 'paper cutting art for body decoration or 'art by stencilling' in English.

The tradition of decorating the body of both males and females has been in vogue from the very beginning. Yet the ladies have always been more interested in decorating themselves than the gents. In literature, there are ample references of adorning the women in sixteen ways from toe to top. For detailed study of these, the Sanskrit texts like *Subhāshitāwalī*, *Maḍhumālatī Premākhyan Kāvya, Amarukshaṭkam, Āryāsaptaśhatī Alankārshekhara, Kāmasūtra and Hindi* books of *Riti Kala* like *Prithvirāj Rāso, Ḍholā Mārū Rā Dūhā* and *Padmāvat* can be referred. A doha (verse) from Padmāvat is worth mentioning.[19]

'Puni sorah singāra jasa, chārihu joga kuleen.
Deergha chāri, charilaghu, chāri subhara chahukheen'.

The great poet Jayasi classifies the adornment into four main divisions and describes the different parts of the body to be decorated in each division. According to the verse, the names of the divisions and the parts of the body to be decorated are as follows : *(a) deergha shrinagar (*elaborate decoration)for hair, hand (Palm and fingers), eyes and neck, (*b*) *laghu shrinagar (*short decoration) for teeth, breast, forehead and navel, (*c*) *subhara shringar* (easy decoration) for cheeks, buttocks, wrist and thigh and (*d*) *ksheena shringar (*feeble decoration) for nose, waist, belly and lips.

There are ample references of painting different organs like the forehead, the line left by parting the hairs on the head, cheeks, chin, breast, navel, three folds of skin on abdomen, thighs, upper part of the foot, the lower outer part of the foot including the heel, the nails of

बहुतायत से मिलता है। थोपा या पत्रकच्छेद्यम् रीति से उरोज चित्रण का उल्लेख अनेक स्थानों पर मिलता है। कुछ प्रमुख उल्लेख इस प्रकार हैं–

hands and feet, and palms by natural colours like musk, sandle, *javak'* (red paint), *'mahavar'* (red paint made of lac); *alaktak* (red paint) *menhadi* (myrtle) etc. We get description of decorating the breasts by *Thopā or partakachhedyam* at many places. Some of them are as follows:-

1. रावण विचरित *शिव तांडव स्तोत्र:*[20]

धरा धरेन्द्र नन्दिनी कुचाग्र चित्रपत्रकप्रकल्प
नैक शिल्पिनी त्रिलोचने मतिर्मम ।। 6 ।।

1. In *Shiva Tāṇḍava Stotra* written by Ravana.[20]

'Dharā dharendra nandinī kuchāgra chitrapatrakaprakalpa.
Naika śilpini trilochane matirmama' ||6||

2. रसिक कवि जयदेव ने अपनी अनूठी कृति *गीत गोविन्द* में स्पष्ट रूप से दर्शाया है कि शृंगार शिरोमणि राधावल्लभ श्री कृष्ण अपनी प्रिया राधा के पयोधरों का चित्रण बड़े मनोयोग से कर रहे हैं।[21]

कुरु यदुनन्दन चन्दनशिशिरतरेण करेण पयोधरे।
मृगमदपत्रकमत्र मनोभवमंगलकलशसहोदरे।
निजगाद सा यदुनन्दने क्रीडति हृदयानन्दने।।

2. Jayadeva in his beautiful poetry, *'Gīta Govinda'*, has described that Lord Shrikrishna is painting the breasts of his beloved Radha with full concentration.[21]

'Kuru yadunandana chandana śishiratreṇa kareṇa payodhare.
Mṛigamadapatrakamantramanobhava maṇgalakalaśasahodare.
Nijagāda sā yadunandane krīdati hṛidyānandane.

3. पंडितराज जगन्नाथ ने भी अपनी प्रार्थना पुस्तक *'गंगालहरी'* में प्रातः काल गंगा में स्नान करती हुई ऐसी रानियों का उल्लेख किया है जिन्होंने रात्रि में अपने वक्षस्थल (कुचतटों) को मृगमद (कस्तूरी का लेप) से अनुलिप्त कराया है। स्नान के समय यह मृगमद जब गंगा के जल से स्पर्श पाता है तो वे मृग (जिन मृगों के मदों का प्रयोग हुआ है) दिव्य शरीर धारण करके नन्दनवन में प्रवेश कर जाते हैं।[22]

प्रभाते स्नान्तीनां नृपति-रमणीनां कुचतटी,
गतो यावन्मातिमिलति तव तोयैर्मृगमदः।
मृगास्तावद् दैयानिकशतसहस्त्रैः परिवृता,
विशन्ति स्वच्छन्दं विमलवपुषो नन्दनवनम्।।

3. Panditarāja Jagannath has also described in his prayer book, *'Gangālaharī'*, about the queens taking morning bath in the river Ganga and who had in the previous night decorated their breasts by musk. During bathing, when this musk is touched by the holy water of the river, the musk deers (whose musk has been used) reach God's abode acquiring godly forms.[22]

Prabhātes nantīnāṃ nṛipati ramaṇīnāṃ kuchatatī.
Gato yāvanmātramilati taia to yairmṛigamadah nṛipati.
Mṛigāstāvad daimānika śaṭa sahasraih parivṛitā.
Viśanti swaćchandam vimala vapusho nandanavanaṃ.

पतिहों (पंक्तिपावन समुदाय) में केवल वधू के ललाट, माँग प्रदेश, कपोल तथा चिबुक के शृंगार के

Among *Paṇktipāvanas,* only the forehead, hair dividing line, cheeks and chin of the bride

लिए थोपा कला का प्रयोग किया जाता रहा है। पहले इसे भोजपत्र पर नहरनी या धारदार और नोकदार धातु की क़लम से बनाया (काटा) जाता रहा। बाद में कैंची का प्रयोग प्रारम्भ हो गया। भूर्जपत्र के अभाव तथा साधारण काग़ज की सहज सुलभता के कारण अब काग़ज को ही काटकर प्रयोग में लाया जाता है।

पारम्परिक परिवार की वधू 'थोपा कला' द्वारा अपना शृंगार विवाह के दूसरे दिन से आगे 40 दिन तक लगातार 'गौरी' और 'चौरी' पूजन तक करती या कराती है। विवाह के दिन तो सिन्दूर दान ही होता है। पति निश्चित मंत्रों के साथ कन्या की माँग में सिन्दूर भरता है। इसे सिन्दूरदान कहते हैं। सिन्दूर भरने के पहले सिन्दूर का प्रयोग शृंगार के लिए वर्जित है। ऐसी वधू अपनी संस्कृति तथा अपने धार्मिक मूल्यों में विश्वास करती है। थोपा कला द्वारा शृंगार करने के लिए शृंगार वाले स्थान पर पहले मेथी पीस कर उसका पतला लेप लगा देते हैं। फिर थोपा कला के कटे हुए काग़ज़ को उस

are decorated by *'Thopā'* art. In earlier times, it was made by cuttng the *'bhoja'* leaves by some sharp edged metallic pen. Later on, use of a pair of scissors started. Due to rarity of the bhoja leaves and easy availability of paper, now the latter is in common use.

This decoration of the bride of a traditional family begins from the second day of the marriage, because on the wedding day, only *'sindūradāna'* ceremony is performed. In it the husband fills *sindūr* (vermilion) on the head in the hair-dividing line of the bride amongst the recitation of definite mantras (hymns) from *Veda*. Before sinduradāna, ceremony, a woman cannot use vermilion for decorating herself. So, from second day after marriage upto 40 days, the traditional women having faith in their religion and culture decorate themselves by *thopā* art and worship the

चित्र 11. अनेकों पत्तियों वाला थोपा
कलाकर्त्री : हेमलता पाण्डेय (स.सु.) हेम-प्रेम

Plate 11 : Multipetals Thopā
Artist : Hemlata Pandey © Hem-Prem

लेप पर रखकर सिन्दूर से उन विभिन्न आकृतियों में कटे काग़ज को 'थोप' दिया जाता है, अर्थात् सिन्दूर की तह जमा दी जाती है। सिन्दूर जब मेथी के लेप के साथ चिपक जाता है तो काग़ज को हटा लेते हैं। ऐसा करने से काग़ज पर कटी कलाकृति सिन्दूर की कलाकृति के रूप में स्पष्ट दिखाई पड़ती है।

आधुनिक सौन्दर्य साधनों ने इस थोपा श्रृंगार कला को बहुत अधिक कुप्रभावित किया है। इस समुदाय की अनेकानेक नव विवाहित लड़कियाँ या बहुएँ इसे छोड़ती जा रही हैं। परिवार की वरिष्ठ महिलाएँ भी इसके लिए उन्हें बाध्य नहीं कर पाती हैं। अब केवल शुभ मात्र के लिए भूर्जपत्र या साधारण काग़ज की कोई आकृति (विशेषकर टिकुली या बिन्दी के लिए) काट ली जाती है और उसे सिंधोरा (सिन्दूरदान) में रख लिया जाता है। इसी सिंघोरे में 'धाग-पाट' (चाँदी या सोने की बहुत छोटी-छोटी कटोरी) भी रखा जाता है। (फलक श्वेत-श्याम 13 व रंगीन 29क एवं 31)

Goddess *Gauri* and *Chauri*. For this decoration, the place is firstly coated by a paste of powdered *methi* (*fenugreek*). Then the paper, which is cut according to thopa pattern, is kept on that paste and is then coated by vermilion layer. Consequently the vermillion gets stuck with the *methi* paste. Then the paper is removed. Now the pattern cut on paper, gets printed as a vermilion pattern.

The modern cosmetic materials have adversely affected this *thopā* art. Gradually, many of the girls or daughters-in-law are giving it up. It is difficult even for elderly ladies of the family to persuade them for this. Now only as a token, a piece of *'bhoja'* leaf or a paper is cut as 'bindi' and is just kept in the *'singhora'* (vermilion box or vanity box). In the same box, *'dhāg-pāṭ'* (very small bowls of gold or silver) are also kept (Plates Black & White 13 and Colour 29 a & 31). All this is presented to the bride on the occasion of *'kanya nirikshaṇ'* (formal agreement of marriage) by the bridegroom's elder brother.

चित्र 12. गोल पत्तियों वाला *थोपा*
कलाकर्त्री : हेमलता पाण्डेय (स.सु.) हेम-प्रेम

Plate 12 : Round Petals *Thopā*
Artist : Hemlata Pandey © Hem-Prem

इसे मंगलसूत्र के रूप में वधू को उसका जेठ विवाह के दिन कन्या निरीक्षण के समय प्रदान करता है। थोपा कला की विभिन्न आकृतियों के नामों एवं प्रकारों का उल्लेख अपने आप में एक स्वतंत्र शोध है। कुछ आकृतियाँ संलग्न चित्र में देखी जा सकती हैं (फलक श्वेत-श्याम 11, 12, 13, 14 एवं 15 व रंगीन 30 एवं 31)।

The description of various patterns of *thopā* art and their names is a subject of an independent research. A few designs can be seen in (Plates Black & White 11, 12, 13, 14 & 15 and Colour 30 & 31).

फलक 13. सिंधोरा (सिन्दूरदान)

Plate 13 : Vermilion Box (Vanity case)

लोककलाओं के लुप्तीकरण के कारण : आज की बदलती हुई सामाजिक परिस्थिति में ये लोककलाएँ बड़ी तेज़ी से विलुप्त होती जा रही हैं। औद्योगिकीकरण, नगरीकरण और आधुनिकीकरण की प्रक्रिया में लोककला और लोकसंस्कृति के लुप्त होने के कुछ निम्नलिखित कारण प्रतीत होते हैं:—

1. लोककलाओं के स्वरूप और उसके अभिप्राय गतिशील न होकर अपेक्षाकृत स्थिर हैं। वर्तमान भौतिकवादी संस्कृति द्रुत परिवर्तनवादी है। आधुनिक मूल्यों एवं प्रतीकों से ओत-प्रोत जन समुदाय त्वरित परिवर्तन की अपेक्षा करता है।

2. लोककला में प्रयोग किये गये पुनीत प्रतीकों पर विश्वास घटता जा रहा है अतः कला पारलौकिक और आध्यात्मिक मूल्यों से विरत होकर इहलौकिक उपयोगितावादी और इन्द्रियजनित सौंदर्यबोध पर आधारित होती जा रही है।

Dissappearing Cause of Folk Arts: In the changing social circumstances of the modern times, these folk arts are vanishing very rapidly. In the process of industrialisation, urbanisation and modernisation, the reasons for this decline of folk-art and folk-culture appear to be the following:-

1. The forms and their ideas in folk-art are static rather than dynamic. The present day materialistic culture prefers fast change. Therefore, people with modern approach expect everything happening very rapidly.

2. The people are losing faith in the auspicious symbols represented in folk-art. Consequently, the art is becoming more and more materialistic, utilitarian and getting based on sensuous appreciation of beauty.

फलक 14. पटिया थोपा से बधू का शृंगार करती हेमलता पाण्डेय

Plate 14 : Bride's Head Decoration (Patiyā Thopā) by Hemlata Pandey

फलक 15 क. भोजपत्र से बना थोपा।
Plate 15a : Thopā made by *Bhoj Patra.*

फलक 15 खः भोजपत्र थोपा काटती हेमलता पाण्डेय
Plate 15b : Preparation of *Bhoj Patrā* Thopā by Hemlata Pandey

3. अनेक आधुनिक सामाजिक प्रक्रियाओं की चपेट में आकर सामान्य मानव जीवन इतना अस्त-व्यस्त हो चुका है कि वह कला-बोध से विरत होता जा रहा है।

4. आधुनिक संस्कृति में 'आचार' और 'विचार' में सहगति (सिंक्रोनाइजेशन) नहीं हो पा रही है जिसके फलस्वरूप इन दोनों के बीच का अन्तर निरन्तर बढ़ता जा रहा है। पर्व-त्यौहारों एवं कर्मकाण्डों के सरलीकरण के साथ-साथ इनसे संबंधित कलाओं का भी संक्षिप्तीकरण होता जा रहा है।

5. कृषि प्रधान शैली में शुभ-अशुभ की धारणा विश्वास और प्रतीकों से संबंधित है। जीवन चक्र से संबंधित संस्कारों में इन कलाकृतियों को बनाया जाता है। इन कलाकृतियों को बनाने वाले निरन्तर आधुनिकता से प्रभावित होते जा रहे हैं।

3. Owing to innumerable modern social factors, the life of common man has become so much busy that his mind is gradually getting out of touch from the artistic values.

4. In modern culture, there is loss of synchronization between 'actions' and 'thoughts' resulting in ever increasing gap between the two. Due to simplification in the celebration of festivals and rituals, the related arts are also getting compromised.

5. In agriculture oriented life style, the concept of good and bad is related with faith and symbols. These art forms are made in connection with the rituals related with life cycle. The people who practise it are being constantly influenced by modernism.

उपसंहार

मानव विज्ञान में संस्कृति को आचार के अर्थ में ही समझा जाता है। कला एवं आचार का मूर्त प्रकटीकरण वस्तुतः किसी भी संस्कृति का मूर्त प्रकटीकरण है, अर्थात् संस्कृति का मूर्त स्वरूप कला और आचार में देखा जा सकता है।

प्राचीन कला एवं प्राचीन आचार की स्मृतियों को लिपिबद्ध करना मानव इतिहास के धरोहर को सुरक्षित रखने की दृष्टि से महत्वपूर्ण है। अभी तक लोककला की अनेक विधाएँ आँखों से ओझल हैं। भारतीय कला, भारतीय साहित्य, लोकाचार, परम्पराएँ तथा लोक वाङ्मय के परिप्रेक्ष्य में इन बिसरती हुई विधाओं का (जिनका पश्चिमीकृत एवं मशीनीकृत से युक्त विचारों, मूल्यों एवं 'अकेली भीड़' के रेले में लुप्त हो जाना असंभव नहीं है) संरक्षण आवश्यक है।

Conclusion

In An thropology, the culture in its finest form is understood as the behaviour. The manifestation of arts and behaviour is, in fact, the representation of any culture. In other words, we can see any culture being represented in arts and behaviour of that society.

The documentation of the traditional arts and customs is important from the point of view of protection of human history. Till now, many aspects of folk-art are unknown. In the background of Indian art, viz. literature, folk customs, traditions and folk literature, the conservation of these declining art forms is necessary as it is not impossible that they will totally vanish with the spreading of the modern values and ideas of westernisation and mechanisation.

इसमें संदेह नहीं कि वर्णव्यवस्था के शीर्ष पर बैठे ब्राह्मणवर्ग के कुछ मदान्धों ने समाज का शोषण किया और कलंक समस्त समुदाय पर लगा। यदि वैज्ञानिक एवं तथ्यपरक दृष्टि से देखा जाए तो शोषण जाति विशेष या समुदाय विशेष नहीं करता बल्कि शक्तिसम्पन्न मदान्ध व्यक्ति करता और करवाता है। अस्तु, यह एक स्वतंत्र विचार-विमर्श एवं अध्ययन का विषय है। कुछ भी हो ब्राह्मण संस्कृति की जड़ इतनी मज़बूत और गहरी रही है, कि अभी इसमें प्राचीन आचार किसी न किसी रूप, परिस्थिति, स्थान और अंश में बने हुए हैं। चूँकि ये आचार अब भी कर्मकाण्ड (रिचुअल) के यांत्रिक (मैकेनिकल अर्थ में) जीवित हैं, अतः उनसे सम्बन्धित कला भी जीवित है। ब्राह्मण संस्कृति में कर्मकांड की प्रधानता जिस अनुपात में घटती जाएगी, उसी अनुपात में ब्राह्मण लोककला भी निष्प्राण होती जाएगी।

ब्राह्मण-मूल्य अथवा प्राचीन परम्परागत मूल्य से हटकर भी कला का अध्ययन हो सकता है। होना भी चाहिए। किन्तु जो कालचक्र में पिसकर नष्ट होने वाला है, उसका सामाजिक अध्ययन, प्रलेखन और चित्रांकन करके उसकी स्मृति को बनाये रखना भी आवश्यक है।

यदि हम इन कलात्मक परम्पराओं के लुप्तीकरण के प्रति जागरूक नहीं रहे तो निश्चय ही हमारी भावी पीढ़ी इन बहुमूल्य सांस्कृतिक निधियों से वंचित हो जायेगी और दोषी मौजूदा पीढ़ी ही मानी जायेगी।

संदर्भ

1. शुक्ल, रामचन्द्र, कला, *हिन्दी विश्वकोश,* खण्ड-2, नागरी प्रचारिणी सभा, वाराणसी (1962) 'कला' पृष्ठ 378.
2. *वही*।
3. *वही*।
4. गुप्त, नत्थूलाल, प्राचीन भारतीय विधाएँ एवं कलाएँ, चेतना प्रकाशन, नागपुर (1978) प्रस्तावना, पृष्ठ 8-9.
5. मुकर्जी, राधा कुमुद, नोट्स आन अर्ली इंडियन आर्ट, इंडियन प्रेस, इलाहाबाद (1939) पृष्ठ 6। (हिन्दू आर्ट इज़ डोमिनेटेड एंड शेप्ड बाइ रिलिजियस मोटिव्स)।

Undoubtedly, some over-arrogant members of Brahmin society sitting on top have been extremely atrocious to the society and consequently, whole of the community bear the blame. As a matter of fact, it is not the community which is cruel, but it is the arrogant individuals who behave cruelly. However, this is a topic of a different discussion. Yet, the roots of the *Brahmin* culture are so deep that even today in this community, many of the ancient traditions do exist in one form or the other, as complete or part. Since these traditions exist in the mechanical sense of rituals, the art related with them also exists. In whatever proportion the significance of rituals will decrease in *Brahmin* community, the folk-art of Brahmins will also come to an end in the same proportion.

It is possible to study the art, keeping aside the Brahminical or traditional values. It is desirable also. But it is equally necessary that the preservation of that, which is going to decline, be done by documentation, picturization and description.

If we do not show our concern for these vanishing artistic traditions, certainly our next generation shall lose these precious cultural treasure and none else but we shall be responsible for this heavy loss.

References

1. Shukla, Ramchandra, *Hindi Viswakosha,* Vol. 2, Nagari Pracharini Sabha, Varanasi (1962) 'Kala', page 378.
2. *Ibid.*
3. *Ibid.*
4. Gupta, Natthulal, *Prachin Bharatiya Vidhayen evam Kalayen,* Chetna Publication, Nagpur (1978), Preface, page 8 & 9.
5. Mukherjee, Radha Kumud, *Notes on Early Indian Art,* Indian Press, Allahabad (1939), page 6, (Hindu Art is dominated and shaped by religious motives).

6. मुकर्जी, राधा कुमुद, नोट्स आन अर्ली इंडियन आर्ट, इंडियन प्रेस, इलाहाबाद (1939), पृष्ठ 9-10.
7. *वही,* पृष्ठ 10.
8. व्यास, कृष्णद्वैपायन, *महाभारत,* गीताप्रेस, गोरखपुर (सम्वत् 2032), शान्ति पर्व-180, पृष्ठ 11-12.
9. गौड़, रामदास, *हिन्दुत्व,* ज्ञानमंडल, काशी (सम्वत् 1995) सम्प्रदाय खण्ड, अध्याय 79, कलाएँ या महाविधाएँ, पृष्ठ 795.
10. मुकर्जी, राधाकमल, *सोशल फंक्शन ऑफ आर्ट,* उद्धृत द्वारा कूल, सद्गुरु दयाल तथा माटे, सुरेशचंद्र, *सामाजिक नियंत्रण एवं परिवर्तन,* स्टूडेन्ट्स फ्रेन्ड्स एंड कम्पनी, वाराणसी (1968) अध्याय 18, कला, पृष्ठ 219.
11. लेंजर *फिलासफी इन ए न्यू की,* उद्धृत द्वारा कूल एवं माटे, *वही,* पृष्ठ 220.
12. रीड, हर्बर्ट, *दी मीनिंग ऑफ आर्ट,* उद्धृत द्वारा कूल एवं माटे, *वही,* पृष्ठ 220.
13. श्रीवास्तव, हरिश्चंद्र, 'परम्परा और आधुनिकता के संदर्भ में वाराणसी के कलाकार', *सामाजिकी,* काशी विद्यापीठ, वाराणसी (1966) पृष्ठ 37.
14. उपाध्याय, कृष्णदेव, प्रस्तावाना, *हिन्दी साहितय का वृहद इतिहास,* षोड्श भाग 16 (हिन्दी का लोक साहित्य), सम्पादक महापंडित राहुल सांकृत्यायन एवं डा. कृष्णदेव उपाध्याय, नागरी प्रचारिणी सभा, काशी (सम्वत् 2017 वि.) पृष्ठ 1-4.
15. *इप. इन्डिका,* भाग 7-1902-03, सोढ़देव का कहला फलक, दूसरी सतह (32), पृष्ठ 91.
16. *इप. इन्डिका,* भाग 7-1902-03, गोविन्दचंद्र का लार फलक, पहली सतह (15), पृष्ठ 99.
17. चतुर्वेदी, प्रोफ़ेसर शैलनाथ, गोरखपुर विश्वविद्यालय, गोरखपुर से किये गये पत्राचार के आधार पर (1987).
18. *मनुस्मृति,* श्रीहरगोविन्द शास्त्री द्वारा विश्लेषित, चौखम्बा संस्कृत सीरीज़ आफिस, वाराणसी (1953) अध्याय 3, श्लोक 183 से 186 एवं श्लोक 150 से 168, पृष्ठ 137 से 141, 146.
19. *पदमावत,* मलिक मुहम्मद जायसी, श्री वासुदेवशरण अग्रवाल द्वारा विश्लेषित, साहित्य सदन, तलैया, झाँसी (2005), पद 296 (27/6), पृष्ठ 287.
20. *वृहत्स्तोत्र रत्नाकर,* सम्पादक, श्री शिवरामशर्मा वासिष्ठ, चौखम्बा संस्कृत सीरीज़ आफिस, वाराणसी (1960), पृष्ठ 299-301.
21. राधा और कृष्ण का प्रेमालाप। पेंटिग पर संस्कृत टेक्स्ट, *गीत गोविन्द,* कैन्टो-बारह, फोलियो-संख्या 124, पृष्ठ 104-117.

6. Mukherjee, Radha Kumud, *Notes on Early Indian Art,* Indian Press, Allahabad (1939), page 9 & 10.
7. *Ibid., page 10.*
8. Vyas, Krishnadwaipayan, *Mahabharata,* Gita Press, Gorakhpur (Sambat 2032), Shanti Parva-180, page 11 & 12.
9. Gaur, Ramdas, *Hinduttva,* Gyanmandal, Kashi (Sambat 1995) Sampradaya Khana̦ Chapter 79, Kalayen ya Mahavidyen, page 795.
10. Mukherjee, Radhakamal, Social Function of Art, Quoted by Kool, Satguru Dayal & Mate Sureshchand, *Social Control and Change,* Student Friends and Company, Varanasi (1968) Chapter 18, Kala, page 219.
11. Lanzer, *Philosophy in a New Key,* Quoted by Kool & Mate, *ibid.,* page 220.
12. Reed, Harbert, *The Meaning of Art, ibid.,* page 220.
13. Shrivastava, Harish Chandra, 'Parampra Aur Aadhunikta Ke Sandarbha Mein Varanasi Ke Kalakar' *Samajiki* magazine, Kashi Vidyapeeth, Varanasi (1966) page 37.
14. Updhyaya, Krishṇadev, Preface, *Hindi Sāyitya Kā Brihad Ethiās,* Vol. 16 (Hindi Ka Lok Sahitya), Ed. Mahapandit Rahul Sanskritian and Dr. Krishṇadev Upadhyaya, Nagari Pracharini Sabha, Kashi (Sambat 2017) page 1 to 4.
15. *Ipica. Indica,* Vol. VII-1902-03, Kahlā Plate of Sodhadeva, Second Side (32), page 91.
16. *Epigraphia Indica,* Vol. VII-1902-03, Lār Plates of Govindachandra, First Side (15), page 99.
17. Chaturvedi, Shailnāth, University of Gorakhpur, Gorakhpur. Letter Correspondence (1987).
18. *Manusmriti,* Commented, by Haragovinda Shāstri, The Choukhambā Sanskrit Series office, Varanasi (1953), Chapter 3, Sloka 183 to 186 and Sloka 150 to 168, page 146 and 137 to 141, respectively.
19. *Padmāvat,* Mallik Mohammad Jayasi, Explained commentry by Shri Vashudeo Saran Agrawal, Sāhitya Sadan, Tallaya, Jhansi (2205), poem 296 (27/7) page 287.
20. *Brihadstotra Ratnākar,* Editor, Shri Shiv Ram Sharma Vashistha, Chaukhambha Sanskrit Series office, Varanasi (1960), pages 299-301.
21. Love Play of RĀDHĀ and KṚISHṆA. The Sanskrit text on the painting from canto XII of the *Gita Govinda,* Plate XVI, Folio No. 124, pages 104-117.

फलक – पाँच। कृष्ण राधा के विशेष देह-प्रदेश पर चित्रकारी कर रहे हैं।

चित्रकारी, मोतीचन्द, ललित कला (अकादेमी) सीरीज़, पोर्टफ़ोलियो संख्या 2, *गीतगोविन्द*, ललित कला अकादेमी, 35-फ़ीरोज़शाह रोड, नई दिल्ली-110001 (प्रकाशन वर्ष का उल्लेख नहीं है)।

Plate V. Kṛishṇa painting designs on special part of Rādha's body.

The Illustrations, Motichand, Lalit Kalā Series Portfolio No. 2 *GĪTAGOVINDA,* Lalit Kalā Akademi, 35 Ferozeshah Road, New Delhi-110001 (year not mentioned).

22. *गंगालहरी,* पंडितराज जगन्नाथ, श्री शिवदत्त द्वारा विश्लेषित, ठाकुर प्रसाद एवं सन्स, बुक सेलर, वाराणसी (1970), पेज 4, और *गंगालहरी,* पंडितराज जगन्नाथ, सदाशिव भट्ट द्वारा विश्लेषित, हरिदास संस्कृत सीरीज़-69, चौखम्बा संस्कृत सीरीज़ आफ़िस, वाराणसी (1967), पृष्ठ 8.

22. *GANGĀLAHRĪ,* Panditraj Jagannath, Explained Commentry by Shivadatta, Thakur Prasad & Sons, Book-Seller, Varanasi (1970), page 4 and *GANGAĀLAHARĪ* Panditraj Jagannātha with commentry by Pandit Sadāsiva Bhatt, The Haridas Sanskrit Series 69, The Chowkhambha Sanskrit Series Office, Varanasi (1967), page 8.

रंगीन चित्रावली

Colour Photographs

परिशिष्ट–I
(Appendix–I)

चउकपूरन
भूमिचित्र
तंडुलकुसुमवलिविकाराः

Floor Pattern

फलक 1 : कार्तिकी पूर्णिमा, काग़ज़ पर
कलाकर्त्री : श्रीमती हेमलता पाण्डेय
ग्राम : सरया (पाण्डेय), गोरखपुर

Plate 1 : *Kartiki* Full-Moon Day, on paper
Artist : Mrs. Hemlata Pandey
Village : Sarya (Pandey), Gorakhpur

फलक 2 : कार्तिकी एकादशी, काग़ज़ पर
कलाकर्त्री : श्रीमती हेमलता पाण्डेय
ग्राम : सरया (पाण्डेय), गोरखपुर

Plate 2 : *Kartiki* Lunar Eleventh Day, on paper
Artist : Mrs. Hemlata Pandey
Village : Sarya (Pandey), Gorakhpur

फलक 3 : अठ्दल, काग़ज़ पर
कलाकर्त्री : श्रीमती हेमलता पाण्डेय
ग्राम : सरया (पाण्डेय), गोरखपुर

Plate 3 : Octopetal Lotus, on paper
Artist : Mrs. Hemlata Pandey
Village : Sarya (Pandey), Gorakhpur

फलक 4 : कुश बढ़ाँव, काग़ज़ पर
कलाकर्त्री : श्रीमती हेमलता पाण्डेय
ग्राम : सरया (पाण्डेय), गोरखपुर

Plate 4 : Kush [Grass] Extention, on paper
Artist : Mrs. Hemlata Pandey
Village : Sarya (Pandey), Gorakhpur

लिखनी
भित्तिचित्र
आलेख्य
Fresco

परिशिष्ट–II
(Appendix–II)

फलक 5 : पुतरा लिखनी : शिशु के जन्म के समय सउरीघर (जिस घर में बच्चे का जन्म होता है) के द्वार के दोनों ओर बनाई जानेवाली आकृति। इस आकृति में चार शिशुओं को दर्शाने का अर्थ है कि राम, लक्ष्मण, भरत और शत्रुघ्न सरीखे चार सुपुत्र इस घर में जन्म लें। इस आकृति को काजल से ही बनाते हैं। इसका अर्थ है कि सउरीघर में आनेवाली किसी महिला की यदि कुदृष्टि पड़े तो वह निष्फल हो जाए। द्वार के दोनों ओर सुलगते उपले रखे जाते हैं। यह आग दुरात्माओं से शिशु की रक्षा करती है (काग़ज़ पर)।

कलाकर्त्री : श्रीमती हेमलता पाण्डेय

ग्राम : सरया (पाण्डेय), गोरखपुर

Plate 5 : Doll Fresco: A fresco drawn on both sides of doors of labour room. There are four male babies, each two on both side of doors. It denotes as this labour room should be so auspicious and should have four male babies one by one like Lord *Rama, Laxmana, Bharata* and *Satrughana*. There are dry cow dung having fire on both sides of doors. This fire protects the baby from ill spirits (on paper)

Artist : Mrs. Hemlata Pandey

Village : Sarya (Pandey), Gorakhpur

फलक 6 : पंक्तिपावन कोहबर, काग़ज़ पर
कलाकर्त्री : श्रीमती हेमलता पाण्डेय
ग्राम : सरया (पाण्डेय), गोरखपुर

Plate 6 : Paṇktipāvan Kohabar, on paper
Artist : Mrs. Hemlata Pandey
Village : Sarya (Pandey), Gorakhpur

फलक 7 : करवागौर, काग़ज़ पर (करवाचौथ)
कलाकर्त्री : श्रीमती हेमलता पाण्डेय
ग्राम : सरया (पाण्डेय), गोरखपुर

Plate 7 : Karva Gaur, on paper (Karvachouth)
Artist : Mrs. Hemlata Pandey
Village : Sarya (Pandey), Gorakhpur

फलक 8 : पिड़िया, काग़ज़ पर (रुद्रव्रत) *कलाकर्त्री :* श्रीमती हेमलता पाण्डेय *ग्राम :* सरया (पाण्डेय), गोरखपुर

Plate 8 : Pidiya, on paper (Fast for Lord Shiva) *Artist :* Mrs. Hemlata Pandey *Village :* Sarya (Pandey), Gorakhpur

फलक 9 : पिड़िया (रुद्रव्रत) नई पीढ़ी, काग़ज़ पर *कलाकर्त्री :* कुमारी स्मिता त्रिपाठी *ग्राम :* मदनपुर, सिद्धार्थनगर

Plate 9 : Pidiya (Fast for Lord Shiva) New Generation, on paper *Artist :* Miss Smita Tripathi *Village :* Madanpur, Sidhartnagar

फलक 10 : अनेक दुर्गा दीवार पर, विश्लेषक : डॉ. चन्द्रमौलि शुक्ल
कलाकर्त्री : श्रीमती मंजुला शुक्ल एवं श्रीमती अंजनी शुक्ल
ग्राम : मुंडेरा, गोरखपुर

Plate 10 : Multi Durga on wall, Explanation by Dr. Chandra Mauli Shukla)
Artist : Mrs Manjula Shukla and Mrs Anjani Shukla
Village : Mundera, Gorakhpur

फलक 11 : पिड़िया (रुद्रव्रत) दीवार पर *कलाकर्त्री :* श्रीमती बिन्दुमती शुक्ल *ग्राम :* मुंडेरा, गोरखपुर

Plate 11 : Pidiya (Fast for Lord Shiva) on wall *Artist :* Mrs.Bindumati Shukla *Village :* Mundera, Gorakhpur

फलक 12 : नागपंचमी, दीवार पर *कलाकर्त्री :* श्रीमती बिन्दुमती शुक्ल *ग्राम :* मुंडेरा, गोरखपुर

Plate 12 : Nagpanchami, On wall *Artist :* Mrs. Bindumati Shukla *Village :* Mundera, Gorakhpur

फलक 13 : काली एवं दुर्गा, दीवार पर *कलाकर्त्री :* श्रीमती मंजुला शुक्ल एवं श्रीमती अंजनी शुक्ल *ग्राम :* मुंडेरा, गोरखपुर

Plate 13 : Kali & Durga, On wall *Artist :* Mrs. Manjula Shukla and Mrs Anjani Shukla *Village :* Mundera, Gorakhpur

फलक 14 : अष्टभुजा दुर्गा, दीवार पर *कलाकर्त्री* : श्रीमती बिन्दुमती शुक्ल *ग्राम :* मुंडेरा, गोरखपुर

Plate 14 : Eight-armed Durga, On Wall *Artist :* Mrs. Bindumati Shukla *Village :* Mundera, Gorakhpur

फलक 15 : नौ दुर्गा एवं अनेक देवता, दीवार पर
कलाकर्त्री : श्रीमती मंजुला शुक्ल एवं श्रीमती अंजनी शुक्ल
ग्राम : मुंडेरा, गोरखपुर

Plate 15 : Nine Durga and many Gods, On wall
Artist : Mrs. Manjula Shukla and Mrs Anjani Shukla
Village : Mundera, Gorakhpur

फलक 16 : कोहबर, दीवार पर
कलाकर्त्री : कुमारी अनिता, विनीता एवं कामिनी पाण्डेय
ग्राम : सरया (पाण्डेय), गोरखपुर

Plate 16 : Kohabar, On wall
Artists : Miss Anita, Vineeta and Kamini Pandey
Village : Sarya (Pandey), Gorakhpur

जनेऊ अइंठन
यज्ञोपवीत कला
सूत्रक्रीड़ा
Sacred Thread Work

परिशिष्ट–III
(Appendix–III)

फलक 17 : सत्तर दल
कलाकर्त्री : श्रीमती किशोरी देवी
ग्राम : सरया (पाण्डेय), गोरखपुर

Plate 17 : Seventy Petals
Artist : Mrs. Kishori Devi
Village : Sarya (Pandey), Gorakhpur

फलक 18 : अनेक आकृतियाँ (गोल, चौकोर, पान, नाव और मछली)
कलाकर्त्री : श्रीमती जयामणि त्रिपाठी
ग्राम : धानी, महराजगंज

Plate 18 : Many Shapes (Round, Square, Betel, Boat & Fish
Artist : Mrs. Jayamani Tripathi
Village : Dhani, Maharajganj

फलक 19 : पाँच गोल आकृतियाँ। बीच में दो इलाइची
कलाकर्त्री : श्रीमती हेमलता पाण्डेय
ग्राम : सरया (पाण्डेय), गोरखपुर

Plate 19 : Five Round Shapes. Two Cardamom in Middle
Artist : Mrs. Hemlata Pandey
Village : Sarya (Pandey), Gorakhpur

फलक 20 क : तनासहित कपास के चार फूल
Plate 20 A : Four Cotton Flowers with Stem

फलक 20 ख : रूई की पूनी, सूतसहित टिकुरी (तकली) और डोकिया
Plate 20 B : Combed Cotton, Bobbin with Thread and Big Wooden Bowl

फलक 21 : पंखा (साथ में जनेऊ कातने के उपकरण क्रमशः डोकिया, पूनी, टिकुरी और चुनौटी
कलाकर्त्री : श्रीमती किशोरी देवी *ग्राम* : सरया (पाण्डेय), गोरखपुर

Plate 21 : Fan (with Instruments for preparation of thread, Wooden Bowl, Combed cotton, Bobbin and Small Bowl with Dry Lime Powder respectively)
Artist : Mrs. Kishori Devi *Village :* Sarya (Pandey), Gorakhpur

फलक 22 : त्रि-आयामीय देवाधिदेव गणेश (झाँपी सहित) *कलाकर्त्री :* श्रीमती जयामणि त्रिपाठी *ग्राम :* धानी, महराजगंज

Plate 22 : Three Dimentional Lord Genesh (with a Grosse-made Round Box) *Artist :* Mrs. Jayamani Tripathi *Village :* Dhani, Maharajganj

फलक 23 : आधी इलायची में एक *जनेऊ*
कलाकर्त्री : श्रीमती किशोरी देवी
A *Janeu* (Sacred Thread) in Half Cardamom
Artist : Smt. Kishori Devi

फलक 24 : इलायची में एक *जनेऊ*
(A *Janeu* in Cardamom [Smt. Kishori Devi])
कलाकर्त्री : (श्रीमती किशोरी देवी)

श्रीमती किशोरी देवी (66 वर्ष)
Smt. Kishori Devi (66 Years)

श्रीमती जया मणि त्रिपाठी (46 वर्ष)
Smt. Jaya Mani Tripathi (46 Years)

श्रीमती हेमलता पाण्डेय (36 वर्ष)
Smt. Hemlata Pandey (36 Years)

श्रीमती किशोरी देवी (76 वर्ष)
Smt. Kishori Devi (76 Years)

फलक 25 : सूत कातना और जनेऊ बनाना

Plate 25 : Preparation of Thread and Sacred Thread

श्रीमती किशोरी देवी (76 वर्ष)
Smt. Kishori Devi (76 years)

जनेऊ रखने वाली झाँपी
Jhanpi (Container) for Sacred Thread

फलक 26 : जनेऊ बनाना और रखना
Plate 26 : Preparation and Keeping of Sacred Thread

थोपा कला

विशेषक

पत्रकच्छेद्यम्

Paper Cutting for Body Decoration

परिशिष्ट–IV

(Appendix–IV)

फलक 27 : भोजपत्र पर काटी गई आकृतियाँ
कलाकर्त्री : श्रीमती हेमलता पाण्डेय
ग्राम : सरया (पाण्डेय), गोरखपुर

Plate 27 : Cut Designs on *BHOJ* LEAF
Artist : Mrs. Hemlata Pandey
Village : Sarya (Pandey), Gorakhpur

फलक 28 : साधारण काग़ज पर काटी गई आकृतियाँ *कलाकर्त्री* : श्रीमती कमला पाण्डेय *ग्राम* : सरया (पाण्डेय), गोरखपुर

Plate 28 : Cut Designs on Simple Paper *Artist* : Mrs. Kamla Pandey *Village* : Sarya (Pandey), Gorakhpur

फलक 29 क : काठ का बना 'सिंधोरा' (सिन्दूरदान, खुली स्थिति में)

Plate 29 A: Vermillion Boxes (In Open Position)

फलक 29 ख : काठ का बना 'सिंधोरा' (सिन्दूरदान, बन्द स्थिति में)

Plate 29 B: Wooden Vermillion Box (In Close Position)

श्रीमती प्रतिभा शुक्ल (Mrs. Pratibha Shukla)

श्रीमती स्मिता मिश्र (Mrs. Smita Mishra)

श्रीमती अनिता त्रिपाठी (Mrs. Anita Tripathi)

फलक 30 : थोपा शृंगार सहित नववधुएँ

Plate 30 : Brides with Thopa Decoration

फलक 31 : थोपाश्रृंगार, भोजपत्र-थोपा, सिंधोरा एवं पत्रावली थोपा

Plate 31 : Thopa Decoration, Bhoja Leaf-Thopa, Vermillion Box and Plain Paper Thopa

संपूर्ण संयोग : Complete Combination

परिशिष्ट–V
(Appendix–V)

साक्षात्कार, प्रदर्शनी एवं शोधप्रपत्र वाचन

Interview, Exhibition and Research Paper Presentation

श्रीमती किशोरी देवी (माता) Smt. Kishori Devi (Mother) श्रीमती जया त्रिपाठी (पुत्री) Smt. Jaya Tripathi (Daughter)

श्रीमती गीता शुक्ल, श्रीमती शैला त्रिपाठी एवं श्रीमती दुर्गा त्रिपाठी
Smt. Gita Shukla, Smt. Shaila Tripathi and Smt. Durga Tripathi

फलक 32 : गीतों एवं कलाओं की कुशल गायिकाएँ एवं चितेरिन
Plate 32 : Expert Singers and Artists of Songs and Arts

फलक 33 : नववधू एवं वरिष्ठ महिला श्रीमती बाला दीदी से साक्षात्कार
Plate 33 : Interview with Bride and a Senior Lady Mrs. Sister Bala

फलक 34 : प्रदर्शनी (4-6 अप्रैल, 2006, दादो जी कोड स्टेडियम, ठाणे, मुम्बई), चितेरी
Plate 34 : Exhibition (4-6 April, 2006, Dadoji Kode Stadium, Thane, Mumbai) Artist

फलक 35: प्रदर्शनी (12-13 अप्रैल, 1997, मावलंकर हाल, नई दिल्ली) लेखक, सुश्री अंजलि एवं चितेरी
Plate 35 : Exhibition (12-13 April, 1997, Mawalankar Hall, New Delhi) Author, Miss Anjali and Artist

फलक 36 क : लेखक द्वारा स्लाइडसहित शोधप्रपत्र, "लुप्त होती पंक्तिपावन लोककलाएँ : चउकपूरन एवं लिखनी" की प्रस्तुति
मंचपर : (बायें से) श्री जगन्नाथ त्रिपाठी, प्रोफ़ेसर रामदेव शुक्ल एवं प्रोफ़ेसर विश्वनाथ प्रसाद तिवारी

Plate 36 A : Author's Research Paper "Vanishing Paṇktipāvan Folk Arts : Floor Pattern and Fresco" presentation with slides
On Dais : Shri Jagannath Tripathi, Professor Ramdeo Shukla and Professor Viswanath Tiwari)

फलक 36 ख : प्रोफ़ेसर रामदेव शुक्ल द्वारा प्रस्तुत शोधप्रपत्र, "भोजपुरी लोकगीतों में सौन्दर्य बोध" की प्रस्तुति
मंचपर : प्रोफ़ेसर विश्वनाथ प्रसाद तिवारी एवं लेखक
अवसर : द्वितीय विश्व भोजपुरी सम्मेलन (24-29 फरवरी, 2000), महात्मा गाँधी संस्थान, मॉरिशस गणराज्य

Plate 36 B : Research paper *"Bhojpuri Lok Geeton mein Saundaryabodh"* (Perception of Beauty in Bhojpuri Songs) presentation by Professor Ramdeo Shukla)
On Dais : Professor Viswanath Prasad Tiwari and Author
Occasion : Second Bhojpuri convention (24-29 February, 2000),
Mahatma Gandhi Institute, Republic of Mauritius

फलक 37 : लेखक द्वारा प्रस्तुत शोधप्रपत्र, "पंक्तिपावन कला में धर्म, देवता एवं प्रतीक : एक समाजवैज्ञानिक आकलन" की प्रस्तुति
अवसर : धर्म एवं आधुनिकता पर अंतर्राष्ट्रीय अन्तर्विश्वास संगोष्ठी (4-6 नवम्बर, 2006), महात्मा गाँधी काशी विद्यापीठ, वाराणसी (भारत)

Plate 37 : Author's Presentation of Research paper, "Dharma, God and Symbols in Paṇktipāvan Arts : A Sociological Reckoning"
Occasion : International Interfaith Congress on Religion and Modern Civilization (4-6 November, 2006), Mahatma Gandhi Kashi Vidyapith, Varanasi (India)

फलक 38 क : लेखक द्वारा बतकही, "भोजपुरी लोक परम्परा : अपसंस्कृति आ अश्लीलता के चुनौती" का संचालन
Plate 38 A : Author's Conduction of the Session, "Bhojpuri Folk Tradition : Challenge to Mal-culture and obscenity"

फलक 38 ख : मंचासीन (बायें से) प्रोफ़ेसर वागीश शुक्ल (अध्यक्ष), डा. राजेन्द्र प्रसाद पाण्डेय (मुख्य अतिथि), प्रोफ़ेसर राजेश्वर आचार्य (मुख्यवक्ता) एवं संचालक लेखक
अवसर : विश्व भोजपुरी सम्मेलन का आठवाँ राष्ट्रीय सम्मेलन (4-6 अक्टूबर, 2007) स्वतंत्रता भवन, काशी हिन्दू विश्वविद्यालय, वाराणसी, भारत

Plate 38 B : On Dais (From Left) Professor Wagish Shukla (Chairperson), Dr. Rajendra Pandey (Chief Guest), Professor Rajeshwar Acharya (Keynote Address) and Conductor Author
Occasion : World Bhojpuri Convention : 8th National Conference (4-6 October, 2007), *Swatantrata Bhawan*, Banaras Hindu University, Varanasi, India

प्रोफ़ेसर मुकुन्द नीलकण्ठ जोशी
Professor M.N. Joshi

फलक 39 : सुहृद् एवं सहयोगी
Plate 39 : A Friend in Need; A Freind in Deed

फलक 40 : लेखक

Plate 40 : Author

पंक्तिपावन ग्राम-सूची
List of Paṇktipāvan Villages

परिशिष्ट–VI
(Appendix–VI)

ग्रामों के नाम

1. अजगरा*
2. अरइल
3. इमिलिया
4. उरुवा
5. ककरहिया
6. कटवन
7. कटारि
8. कठइचा
9. कनैली
10. कम्हरिया
11. करहना
12. करही
13. कूराहीह*
14. खखाइचखोर
15. खड़वारे
16. खुरहुरबंदी
17. खैराटे
18. गुरम्ही
19. गोपालपुर
20. गौरा
21. गौरा उपाध्याय
22. गौरी
23. घोरहटा
24. चेतरा
25. चेतिया
26. चौका
27. चौमुखा
28. छतवाँ
29. छितौनी
30. छिबरा

* ये गाँव पंक्तिपावन मूल क्षेत्र (साखांचल या सरयूपार) के बाहर स्थित हैं। इनमें अनेक पूर्वी और मध्य उत्तर प्रदेश में हैं। कुछ एक पश्चिमी एवं मध्य बिहार में स्थित हैं। सामाजिक एवं भौगोलिक कारणों से इन गाँवों में पंक्तिपावक परिवारों का आप्रवास हुआ।

Name of the Village

1. Ajgara*
2. Arail
3. Emiliya
4. Uruva
5. Kakrahiya
6. Kaatvan
7. Katari
8. Kathaicha
9. Kanailee
10. Kamhriya
11. Karhana
12. Karahee
13. Kuradeeh*
14. Khakhaich Khor
15. Kharvare
16. Khurhurbandee
17. Khairate
18. Gurumhee
19. Gopalpur
20. Gaura
21. Gaura Upadhyay
22. Gauri*
23. Ghorhta
24. Chetra
25. Chetiya
26. Chauka
27. Chaumukha
28. Chatva
29. Chitaunee
30. Chibra

* These villages are situated beyond the original area (Sakhanchal or Saryupar) of Paṇktipāvan. Out of these villages, most are in Eastern and mid part of Uttar Pradesh. A few are situated in Western and Mid part of Bihar also. Social and Geographical factors are the main causes for the migration of Paṇktipāvan families.

31. जोगीपुर
32. झौवा
33. ठोकवा
34. डहरौली
35. डारीडीहा
36. तकियवा*
37. तिघरा
38. तुरहापट्टी*
39. तेलई बेलवा
40. थरौली
41. देउरवा
42. देवरिया
43. देवरिया खास
44. धानी
45. धौरहरा
46. नकाही
47. नदुला
48. नरईपुर*
49. नेबुइया*
50. नौरंगाबाद
51. पकड़ी मिसराइन
52. पकरडीहा
53. पचमा
54. पचरुखिया
55. पतिहापुर
56. परतावल
57. परसा
58. परसौनी
59. परिगवाँ
60. पाण्डेयपुरवा
61. पाला
62. पिण्डी
63. पिपरा
63. पिपरा (द्वितीय)
65. पुरैना
66. पूरे गंगाराम*
67. फरेन्दा
68. बढ़या*
69. बढ़या (द्वितीय)*
70. बनकटा मिश्र

31. Jogipur
32. Jhaova
33. Thokva
34. Dahraulee
35. Dareedeeha
36. Takiyva*
37. Taighra
38. Turhaptee*
39. Tellai Belva
40. Tharaulee
41. Deurava
42. Devriya
43. Devariya Khas
44. Dhanee
45. Dhorahara
46. Nakahee
47. Nadula
48. Naryeepur*
49. Nebueya
50. Naurangabad*
51. Pakree Misrain
52. Pakrdeeha
53. Pachma
54. Pachrukhiya
55. Patihapur
56. Parataval
56. Parasa
58. Parsaunee
59. Parigvan
60. Pandeyapurva
61. Pala
62. Pindee
63. Pipra
64. Pipra (Second)
65. Puraina
66. Pure Gangaram*
67. Pharenda
68. Barahya*
69. Badhya (Second)*
70. Bankata Misra

71. बनकटिया
72. बनगवाँ
73. बन्हौरा
74. बभनी
75. बरवाँ
76. बलुआ
77. बसडीला
78. बसौठी
79. बस्ती
80. बहेरिया
81. बाँन्हा
82. बाँसगाँव
83. बारहकोनी
84. बारीगाँव
85. बिठुआ
86. बिशुनपुरा*
87. विष्णुपुर*
88. बुढ़िया बारी
89. बेलपोखरी
90. बेलवा
91. बेला
92. बेलौरा
93. बोरबल
94. भटगवाँ
95. भरवलिया
96. भलुआ
97. भिरवा
98. भेड़ी
99. भेलखा
100. भेलौंजी
101. भौवापार
102. मंझरिया*
103. मकदुमपुर
104. मझगवाँ
105. मझवलिया
106. मझौआ
107. मदनपुर
108. मधुबनी
109. ममरखा
110. मसिना

71. Banktiya
72. Bangavan.
73. Banhaura
74. Bakhanee
75. Barayan
76. Balua
77. Basadela
78. Basauthee
79. Bastee
80. Baheriya
81. Bānha
82. Bāsgaon
83. Barhkonee
84. Barigaon
85. Bithua
86. Bishunpura*
87. Bishnupur*
88. Burhiya Baree
89. Belpokharee
90. Belva
91. Bela
92. Belaura
93. Borval
94. Bhatagavan
95. Bharavaliya
96. Bhaluha
97. Bhirva
98. Bhedee
99. Bhelkha
100. Bhelaunjee
101. Bhauvapar
102. Manjhariya*
103. Makdumpur
104. Majhagavan
105. Majhavaliya*
106. Majhoao
107. Madanpur
108. Madhubanee
109. Mamrkha
110. Masina

111. महसों
112. महाखरपुर
113. माटे
114. मालीजोत
115. मामखोर
116. मिसिद्दीपुर
117. मिश्रौलिया
118. मुड़ेरा
119. मेलनीपुर
120. मेहनि
121. मेहनुआ
122. मोहम्मदपुर
123. रखुआओर
124. रघुनाथपुर
125. रतनमाला*
126. राजपुर
127. रूद्रपुर
128. रोहा
129. लखना उर्फ डोमडीह
130. वधवा
131. विजयमऊ
132. विनायक टेगरगढ़ी
133. सरया (पाण्डेय)
134. सरया (तिवारी)
135. सरसी मादे
136. सरारि
137. सरैया खास
138. साँड़े
139. सिंहनजोरी
140. सिंहला
141. सिधावे
142. सिरजम
143. सिलहटा
144. सुरदहपार*
145. सुलतानपार
146. **सेखुई**
147. सोनफेरवा

111. Mahason
112. Mahakhrpur
113. Mate
114. Maleejot
115. Mamakhor
116. Misiddeepur
117. Mishroliya
118. Mudera
119. Medneepur
120. Melni
121. Mehnua;
122. Mohmmdpur
123. Rakhua:khor
124. Raghunathpur
125. Ratanmala*
126. Rajpur
127. Rudrapur
128. Roha
129. Lakhna Alias Domdeeh
130. Vadhava
131. Vijyamau
132. Vinayk Tegrgrhee
133. Sarya (Pandey)
134. Sarya (Tiwari)
135. Sarsee Made
136. Sarari
137. Saraiya Khas
138. Sanrhe
139. Sinhrijoree
140. Sinhla
141. Sidhave
142. Sirjam
143. Silhata
144. Surdhapar*
145. Sultanpur
146. Sekhuee
147. Sonpherva

148. सोनौरा
149. सोपरी
150. सोहगौरा
151. हरदी
152. हरपुर
153. हरपुर तिवारी
154. हरेवा

सहयोग : श्री ब्रजेन्द्र त्रिपाठी, सोहगौरा गोरखपुर (उ.प्र.)

148. Sonaura
149. Sopree
150. Sohgaura
151. Haradee
152. Harpur
153. Hapur Tivari
154. Hareva

Assistance : Shri Brajendra Tripathi, Sohgoura, Gorakhpur, (U.P.)

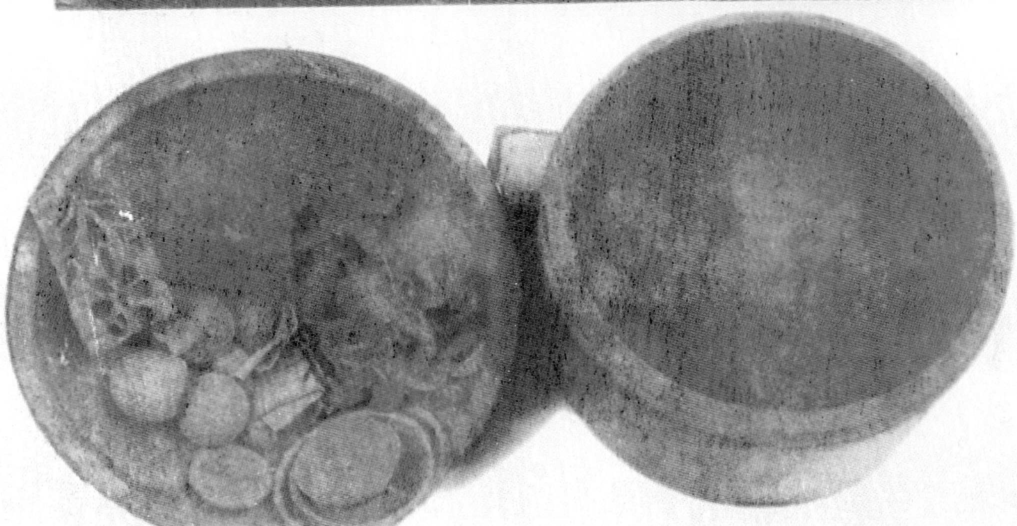

परिशिष्ट–VII
(Appendix–VII)

कलाओं की सूची
List of Arts

	कामसूत्र (वात्स्यायन)		Kā:mas:utr (Vāṭsyāna)
1.	गीतम्	गाना	Singing
2.	वाद्यम्	बाजा बजाना	Playing musical instruments
3.	नृत्यम	नाचना	Dancing
4.	आलेख्यम्	चित्रकारी	Drawing (and painting)
5.	विशेषकच्छेद्यम्	पत्तियों को काट-छाँटकर आकृतियाँ बनाना	Creating special shapes by cutting/ joining plant leaves
6.	तण्डुलकुसुमवलिविकाराः	आँगन को चावल एवं फूलों से सजाना	Decorating Cortyard with rice grains and flowers
7.	पुष्पास्तरणम्	आवास को फूलों से सजाना	Decorating (a house) with flowers
8.	दशनवसनाङ्गरागः	शरीर, कपड़े और दाँतों को रंगना	Coloring the body, clothes and teeth
9.	मणिभूमिका कर्म	भूमि (फर्श) में मणि या चौकोर पत्थर (टाइल्स) बैठाना	To embed gems and tiles in the floor
10.	शयनरचनम्	शय्या (बिछौना) को सजाना	Decorating the bed and bed frame
11.	उद्कवाद्यम्	जल वादन (पानी को इस कुशलता से बजाना कि उससे मुरज नामक बाजे की आवाज निकले)	Creating musical notes with the help of water
12.	उदकघातः	जल-क्रीड़ा प्रेमीजनों का एक दूसरे पर जल की बौछार करना)	Splashing water on each other (for a game)
13.	चित्रयोगाः	गूढ़ औषधियों का प्रयोग जानना	Use of special medicines
14.	माल्यग्रथनविकल्पाः	तरह-तरह से फूल गूँथना	Creating wreaths with various flowers
15.	शेखरकापीडयोजनम्	शेखरक और अपीडक (सिर पर पहने जाने वाले दो मालाओं के पहनने की कला)	Wearing wreaths on one's head
16.	नेपथ्यप्रयोगाः	अपने या दूसरे को वस्त्र और अलंकार से सजाना	To decorate with costumes (for theater)
17.	कर्णपत्रभङ्गः	हाथी के दाँत के पत्तर आदि से कान के गहने बनाना	Making suture in the pinna (for wearing ornaments)
18.	गन्धयुक्तिः	फूलों के रसों या अनेक द्रव्यों के योग से सुगन्धि तैयार करना	Creating fragrance/perfumes
19.	भूषणयोजनम्	गहना पहनना	Wearing ornaments
20.	ऐन्द्रजालायोगाः	इन्द्रजाल कर्म या जादूगरी करना	Black magic
21.	कौचुमारयोगाः	शरीर के अंगो को मजबूत और भोग-विलास के योग्य बनाने की कला	Making body and body part suited for life activities

22.	हस्तलाघवम्	हाथ की सफाई	Trickery
23.	विचित्रशाकयूष भक्ष्यविकारक्रिया	साग-सब्जी बनाने की कुशलता	Making eatable preparation out of herbs
24.	पानकरसरागासव योजनम्	अनेक पेय (शर्बत) के योग से विशेष पेय बनाने की कला	Creating special drinks by mixing juices and distillates
25.	सूचीवानकर्माणि	सीने, पिरोने और जाली बुनने की कला	Spinning, sewing and embroidery
26.	सूत्रकीड़ा	हाथ के कते सूत से घर मंदिर, देव प्रतिमा (त्रि-आयामीय आकृतियाँ) आदि बनाना	Creating special forms out of hand-spun yarns
27.	वीणाडमरुकवाद्यानि	वीणा, डमरू और ढोल आदि बाजे बजाना	Playing instruments like Veena and drum
28.	प्रहेलिका	पहेली बुझाना	A game reciting analogies for finding what it means
29.	प्रतिमाला	अन्त्याक्षरी	Art of starting to utter another poem from the last letter of preceding poem
30.	दुर्वाचक योगाः	कूटपद रचना (कठिन शब्दों से कविता की रचना)	Poetic composition with uncommon words
31.	पुस्तकवाचनम्	पुस्तक पढ़ना	Reading books
32.	नाटकाख्यायिका-दर्शनम्	नाटक और कहानियों के ज्ञान की कला	Comprehending scripts of plays and stories
33.	काव्यसमस्यापूरणम्	समस्यापूर्ति	Synopsis of a poem (Completion of full poem from one line of any poem)
34.	पट्टिकावेत्रवानविकल्पाः	बेंत और बाँस से उपयोगी वस्तु बनाने की कला	Creating useful tools/artifacts out of cane and bamboos
35.	तक्षकर्माणी	नक्काशी	Carving
36.	तक्षणम्	बढ़ईगिरी	Carpentry
37.	वास्तुविद्या	आवास-निर्माण कला	The Science of designing a house (Arehitecture)
38.	रूप्यरत्नपरीक्षा	मणियों और रत्नों को पहचानने की कला	Testing of gems
39.	धातुवादः	धातुओं के शोधन एवं उनके योग से मिश्रित धातुओं को बनाने की कला	Metallurgy
40.	मणिरागाकरज्ञानम्	रत्नों की रंगाई और गढ़ाई की कला	Coloring and carving of gems
41.	वृक्षायुर्वेदयोगाः	पेड़ों की चिकित्सा और इच्छानुसार उन्हें छोटा-बड़ा करने की कला	Plant Pathology and its treatment including Bonsai & trimming

42.	मेषकुक्कुटलावक युद्ध विद्या	भेड़ा, मूर्गा और लावक आदि जानवरों और पक्षियों के लड़ाने की कला	Making animals and birds confront each other
43.	शुकसारिकाप्रलापनम्	तोता-मैना को पढ़ाने की कला	Training parrots and Mynah
44.	उत्सादने संवाहने केश मर्दने च कौशलम्	शरीर और सिर में मालिश करने की कला	Massaging body and the hair
45.	अक्षरमुष्टिकाकथनम्	संक्षिप्त अक्षरों से पूरा अर्थ जान लेने की कला जैसे मे. वृ., मि. से मेष, वृष और मिथुन	Expressing through abbreviation and codes
46.	म्लेच्छितविकल्पाः	गुप्त भाषा-विज्ञान	The skill of communicating in code language
47.	देशभाषाविज्ञानम्	देश-विदेश की भाषाओं के ज्ञान की कला	Knowing local and foreign languages
48.	पुष्पशकटिका	गाडी-घोड़ा (वाहनादि) को फूलों से सजाने की कला	Decorating chariots with flowers
49.	निमित्तज्ञानम्	शकुन (शुभ-अशुभ) ज्ञान	Considering auspicious and inauspicious moment
50.	यन्त्रमातृका	यन्त्रों के बनाने की कला	Making machines and tools
51.	धारणमातृका	स्मरण (याद) रखने का विज्ञान	The art of remembering
52.	सम्पाठ्यम्	एक पाठी होने की कला (किसी के एक बार पढ़े श्लोकों को सुनकर ज्यों का त्यों दुहरा देने की कुशलता)	The art of reciting after reading once (Uttering the Poem after one hearing)
53.	मानसी	बौद्धिक मनोविनोद की कला	Art of intellectual games
54.	काव्यक्रिया	कविता या साहित्य रचने की कला	Composing poems
55.	अभिधानकोश छन्दोविज्ञानम्	शब्दकोश और छन्दशास्त्र ज्ञान की कला	Knowing the dictionary and books of poetics
56.	क्रियाकल्पः	काव्य में अलंकार प्रयोग करने की कला	Use of figures of speech
57.	छलितयोगाः	बहुरूपियापन	Disguising
58.	वस्त्रगोपनानि	वस्त्र पहनने की कुशलता	The art of putting on costumes
59.	द्यूतविशेषाः	जुआ खेलने की कला	The art of gambling
60.	आकर्ष क्रीड़ा	पासा फेंकने की कला	The art of hurling dice
61.	बालक्रिड़नकानि	बालकों के खेल-खेलने और दिखाने की कला	Games of children
62.	वैनयिकीनां विद्यानां ज्ञानम्	विनय (नम्रता) सिखाने वाली विद्या की कला	Training in polite manners
63.	वैजयिकीनां विद्यानां ज्ञानम्	जीत (विजय) दिलाने वाली विद्या की कला	The art of winning
64.	व्यायामिकीनां विद्यानां ज्ञानम्	व्यायाम-विद्या	The art of exercising

	शुक्रनीतिसार (उसनस्)		Śukraniṭisar (Uśṇas)
1.	हावभावदिसंयुक्तंनर्तनम्	हाव-भाव सहित नाचना	Dancing with expressive postures/ gestures
2.	अनेकवाद्यविकृतौ तद्वादने ज्ञानम्	अनेक वाद्य एक साथ बजाने की कला	Playing multiple instruments at the same time
3.	स्त्रीपुंसोः वस्त्रालंकार-संधानम्	स्त्री-पुरूषों को वस्त्र और अलंकार आदि पहनाने की कला	The art of putting on costumes and ornaments
4.	अनेकरूपाविर्भावकृति ज्ञानम्	पत्थर और काठ की मूर्तियाँ बनाने की कला	Sculpting various shapes on stone and wood
5.	श्य्यास्तरणसंयोग ज्ञानम्	फूलों से माला और शयन कक्ष सजाने की कला	The art of decorating bedroom with flowers
6.	द्यूताद्येनकक्रीड़ाभौ रंजनम्	जुआ आदि खेलों से मनोरंजन करने की कला	Entertaining with gambling
7.	अनेकासनसन्धानं रतेर्ज्ञानम्	कामशास्त्रीय आसनों आदि का ज्ञान	The knowledge of postures for love making
8.	मकरन्दासवादीनां मद्यादीनां कृतिः	फूल के रसों से विभिन्न प्रकार के मद पेय (शराब) बनाने की कला	The art of making wines of the flowers' sap
9.	शल्यगूढ़ाहृतौ सिराघ्रणव्यधे ज्ञानम्	शरीर में चुभे (घुसे) शस्त्रों (बाण, भाले और छर्रे आदि) को शल्य क्रिया द्वारा बाहर निकालना, जर्राही या ऑपरेशन	Surgically removing pieces piercing in the body
10.	हीनादिरससंयोगान्नादि म्पाचनम्	रस-पाक कला अर्थात् अनेक रसों के प्रयोग से भोजन बनाना	Cooking food with many ingredients for taste and digestion
11.	वृक्षादिप्रसवारोप पालनादिकृतिः	पेड़-पौधों की देखभाल, रोपाई-बोआई और सिंचाई की कला	Nursing and breeding plants and tree
12.	पाषाण धात्वादिद्दृति भस्मकरणम्	पत्थर और धातुओं के चूर्ण (भस्म) बनाने की कला	Making oxides of rocks and metals
13.	यावदिस्तुविकाराणां कृतिज्ञानम्	गन्ने के रस से मिश्री, चीनी आदि बनाने की कला	Making sugar of sugarcane juice
14.	धात्वोषधीनां संयोगक्रिया ज्ञानम्	धातु और औषधियों के संयोग से अनेक रसायनों को बनाना	Mixing metals in medicinal preparations
15.	धातुसाङ्कर्यपार्थक्यकरणम्	धातुओं को गलाने, मिलाने और अलग करने की कला	Metallurgy
16.	धात्वादीनां संयोगपूर्व विज्ञानम्	धातुओं को मिला कर नई धातु बनाना	Making alloys by mixing metals

17. क्षारनिष्कासन ज्ञानम्	क्षार बनाने की कला	Making alkali
18. पदादिन्यासतः शस्त्र संधाननिक्षेपः	पैर की सहायता से धनुष चढ़ाना और बाण फेंकना	Using arms with the help of feet (e.g., stretching the bow and shooting arrows)
19. सन्ध्याधाताकृष्टि भैदेः मल्लयुद्धम्	अनेकों दाँव-पेंच सहित कुश्ती लड़ना	Special moves in wrestling
20. अभिलक्षिते देशे यन्त्राद्यस्त्रनिपातनम्	शस्त्रों को निशाने पर फेंकने की कला	Projecting ammunition on the chosen target
21. वाद्यसंकेततो व्यूहरचनादि	बाजे के संकेत से सेना-व्यूह की रचना करना	Making military formations according to musical signals
22. गजाश्वरथगत्या तु युद्धसंयोजनम्	हाथी, घोड़े या रथ की सहायता से युद्ध करना	Using horses, elephants and chariots in battlefield
23. विविधासन मुद्राभिः देवतातोषणम्	अनेक आसन एवं मुद्रा के द्वारा देवता को प्रसन्न करना	The art of pleasing the deity with different postures
24. सारथ्यम्	रथ हाँकना	Piloting the chariot
25. गजाश्वादेः गतिशिक्षा	हाथी-घोड़ों को चलाने की कला	Training horses and elephants to move under instruction
26. मृत्तिकाकाष्ठपाषाणधातु-भाण्डादिसत्क्रिया	मिट्टी, लकड़ी, पत्थर और धातु से बर्तन बनाने की कला	Making utensils out of clay, wood, rocks and metals
27. चित्राद्यालेखनम्	चित्र बनाना	Drawing
28. तटाकवापीप्रसादसम भूमिक्रिया	कुँआ और पोखरा खोदने तथा भूमि को समतल करने की कला	Digging wells and ponds and landscaping
29. घट्याद्यनेकयन्त्राणां वाद्यानां कृतिः	वाद्य-यंत्र तथा पनचक्की जैसी मशीनों के बनाने की कला	Making various musical instruments
30. हीनमध्यादिसंयोग-वर्णाधै रंजनम्	रंगों के मेल से चित्र बनाने की कला	Creating figure by combining colours
31. जलवाय्वग्निसंयोगनिरोधैः क्रिया	जल, वायु और आग के संयोग और विरोध (रोकने) की कला	Combining and controlling water, air and fire
32. नौकारथादियानानां कृतिविज्ञानम्	नौका, रथ आदि वाहनों के बनाने की कला	Making boats and chariots
33. सूत्रादिरज्जुकरण विज्ञानम्	सूत और रस्सी बनाने की कला	Making yarns and ropes
34. अनेकतन्तु संयोगैः पटबन्धः	सूतों के प्रयोग से कपड़ों की बुनाई	Weaving fabric out of many yarns
35. रत्नानां बोधादिसद सज्जानम्	रत्नों की परीक्षा, उन्हें काटना और छेदना	Testing, cutting and drilling gems

36.	स्वर्णादीनान्तु याथार्थ्य-विज्ञानम्	सोने के परखने की कला	Testing gold
37.	कृत्रिमस्वर्णरत्नादि-क्रियाज्ञानम्	बनावटी (नकली) सोना और रत्न आदि बनाने की कला	Making artificial mimics of gold and gems
38.	स्वर्णाद्यलङ्कारकृतिः	सोने-चाँदी आदि धातुओं से गहने बनाने की कला	Making ornaments of gold and silver
39.	लेपादिसत्कृतिः	धातुओं पर पानी चढ़ाना (मुलम्मा देना)	Plating (e.g., electroplating) the metals
40.	चर्मणां मार्दवादिक्रिया-ज्ञानम्	चमड़े को नर्म बनाना	Softening hides
41.	पशुचर्माङ्गनिर्हारज्ञानम्	पशुओं के शरीर से चमड़ा और माँस आदि को अलग करना	Separating flesh and hide from animal body
42.	दुग्धदोहादिधृतान्तं विज्ञानम्	दूध दूहना और उससे घी निकालना	The art of milking cattle and making cream
43.	कंचुकादीनां सीवने विज्ञानम्	चोली आदि वस्त्र को सीना	Sewing
44.	जले बाह्वादि मिस्तरणम्	हाथ की सहायता से तैरना	Swimming
45.	गृहभाण्डादेर्मार्जने विज्ञानम्	आवास तथा घर के बर्तनों की साफ-सफाई की कला	The art of cleaning homes and domestic utensils
46.	वस्त्रसंभार्जनम्	कपड़ों की सफाई की कला	The art of cleaning clothes
47.	क्षुरकर्म	हजामत बनाना	Barber's craft
48.	तिलमांसादिस्नेहानां निष्कासने कृतिः	तिल आदि बीजों और मांस आदि से तेल निकालना	Extracting oil from oilseed and meat
49.	सीराद्याकर्षणे ज्ञानम्	खेत की जुताई और निराई की कला	Ploughing and tilling
50.	वृक्षाद्यारोहणे ज्ञानम्	पेड़ों पर चढ़ने की कला	The art of climbing the trees
51.	मनोनुकूलसेवायाः कृतिज्ञानम्	अन्यों के मनोनुकूल सेवा द्वारा उसे प्रसन्न करने की कला	The special art of hospitality
52.	वेणुतृणादिपात्राणां कृतिज्ञानम्	बाँस, नरकट और तिनकों आदि से विभिन्न उपयोगी बर्तन बनाना	Making utensils out of leaves, bamboos and grass
53.	काँचपत्रादिकरणविज्ञानम्	शीशे के बर्तन बनाने की कला	Making utensils of glass
54.	जलानां संसेचनं संहरणम्	जल लाना और सिंचाई करना	The art of water storage and irrigation
55.	लोहाभासारशस्त्रास्त्र कृतिज्ञानम्	लोहे आदि धातुओं से हथियार बनाना	Making arms and armory of iron
56.	गजाश्ववृष भोष्ट्राणां पल्याणादिक्रिया	हाथी, घोड़ा, बैल और ऊँट आदि के लिए हौदा, जीन और चारजामा आदि बनाने की कला	Making armory for elephants horses and bulls

57.	शिशोस्संरक्षणे धारणे क्रीड़ने ज्ञानम्	बच्चों को पालने और उनके मन बहलाने की कला	The art of nursing and entertaining children
58.	अपराधिजनेसु युक्तताडनज्ञानम्	अपराधियों को शारीरिक दंड देने की कला	The ways of punishing the criminals
59.	नानादेशीयवर्णानां सुसम्यग्लेखने ज्ञानम्	देश-विदेश की लिपियों (भाषाओं) के लिखने (जानने) की कला	The Knowledge of writing Various local & foreign scripts
60.	ताम्बूलरक्षादिकृत-विज्ञानम्	पान से तरह-तरह के बीड़े बनाने की कला	The art of folding beetle leaves
61.	आदानम्	कलामर्मज्ञता	Connoisseurness
62.	आशुकारित्वम्	अविलम्ब कार्य कर लेने की कला	The art of instantly attending to the task
63.	प्रतिदानम्	कलाओं को सिखा सकने की योग्यता	Tutoring in various arts
64.	चिरक्रिया	दीर्घसूत्री (कार्य को करने में अतिविलम्ब करने की कला)	Persistent activity

सन्दर्भः प्राचीन भारत के कलात्मक *विनोद, हजारीप्रसाद द्विवेदी, हिन्दी-ग्रन्थ-*रत्नाकर प्राइवेट लिमिटेड, मुम्बई (1963) पृष्ठ 185-190

Reference : *Prāchin Bhārat Ke Kālatmak Vinod,* Hazari Prasad Dwivedi, Hindi-Grānth-Ratnakar Pvt. Ltd., Mumbai (1963), Page 185-190.

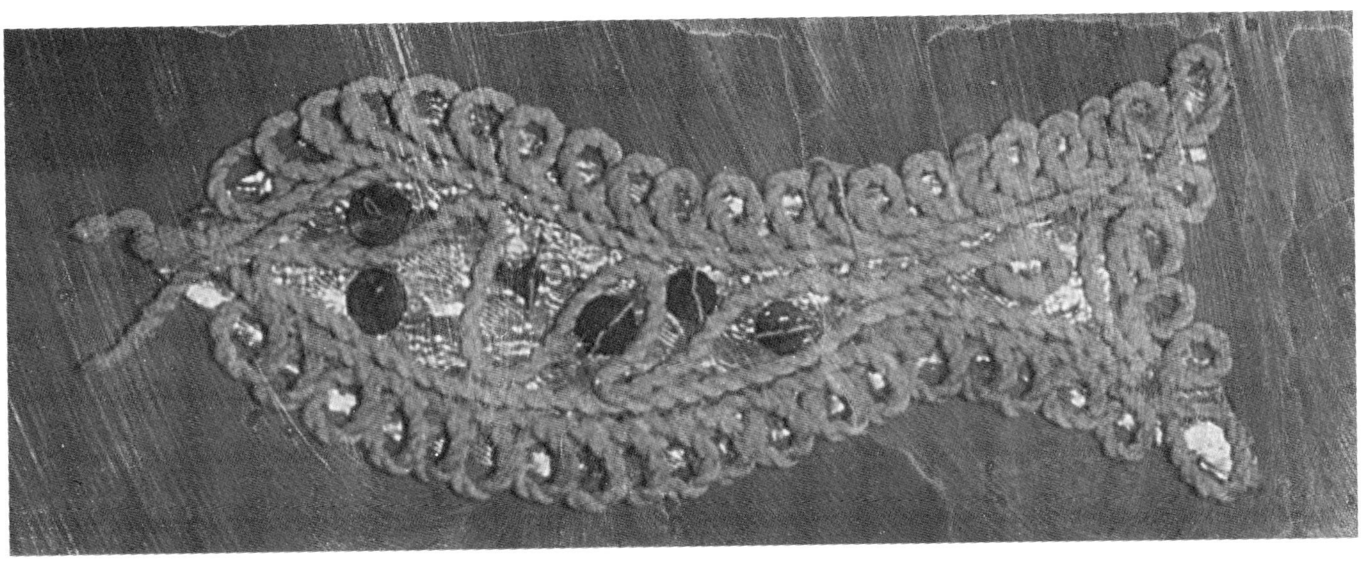

परिशिष्ट–VIII
(Appendix–VIII)

विशद विद्वत-अभिमत

Eminent Scholar's Opinion

1. प्रोफ़ेसर डी.एम. नंजुनदप्पा
2. प्रोफ़ेसर नीलकण्ठ पुरुषोत्तम जोशी
3. प्रोफ़ेसर योगेन्द्र सिंह
5. प्रोफ़ेसर लीला दूबे
5. प्रोफ़ेसर बैद्यनाथ सरस्वती
6. प्रोफ़ेसर इन्द्र देव

1. Professor D.M. Nanjundappa
2. Professor N.P. Joshi
3. Professor Yogendra Singh
4. Professor Leela Dubey
5. Professor B.N. Saraswati
6. Professor Indra Deva

मैंने आपका लेख "समाप्त होती पंक्तिवापन कलाएँ" *जो समाज विज्ञान अनुसन्धान में प्रवृत्तियाँ* पत्रिका के जून 1997 के अंक में छपा है, शीघ्रतापूर्वक पढ़ा। मैंने इसे पसंद किया।

मैं आपके इस निष्कर्ष से सहमत हूँ कि "आधुनिक सजावटी पदार्थों ने इस थोपा कला को विपरीत रूप में प्रभावित किया है। वस्तुतः शोध लेख में दिखाई गयी कई डिज़ाइन अत्यन्त सुन्दर हैं"।

मैं आपसे इस बात में भी सहमत हूँ कि इनके संरक्षण तथा विवरण और चित्र द्वारा इनके प्रलेखीकरण की आवश्यकता है। मैं समझता हूँ की दिल्ली में लोक कलाओं की एक राष्ट्रीय अकादमी और संग्रहालय मौजूद है। यदि ऐसा है तो हम इस अकादमी को इन चारों कलाओं के संरक्षण हेतु कार्य प्रारम्भ करने के लिए प्रेरित कर सकते हैं। मुझे इसमें अतीव प्रसन्नता होगी यदि मैं आपके साथ सम्बन्धित संस्थाओं को इन सभी के संरक्षण हेतु प्रेरित करने में आपका सहयोग कर सकूँ क्योंकि निश्चय ही इस देश में मानव कल्याण हेतु यह आवश्यक है। मैं आपको, चित्रकर्त्री श्रीमती हेमलता पाण्डेय को और डॉ. मुकुन्द जोशी को इस श्रेष्ठ और उपयोगी शोध अध्ययन हेतु सहायता करने के लिए बधाई देता हूँ।

–प्रोफ़ेसर डी.एम. नंजुनदप्पा
भूतपूर्व अध्यक्ष
आई.सी.एस.एस.आर., नई दिल्ली तथा
भूतपूर्व उपाध्यक्ष
कर्नाटक राज्य योजना बोर्ड, कर्नाटक सरकार, कर्नाटक

"I quickly read your research article, "Vanishing Paṇktipāvan Folk Arts" published in, "Trends in Social Science Research-June 1997. I have enjoyed it.

I am inclined to agree with your conclusion, "The Modern cosmetic Materials have adversely affected this thopa Art". Really, a few cut designs shown in the research article are very beautiful.

I also agree with you at the need to preserve them and for their documentation with picture and descriptions. I believe, in Delhi there is National Academy for the Folk-Arts Museum. If this is correct, we should be able to move this academy for initiating action for preserving these all four art forms. I shall be very happy, if I can join you in moving the concerned agencies for preserving the all patterns which certainly deserves preservation in this country for the benefit of humanity. I convey my congratulations to you, the artist Mrs. Hemlata Pandey and Dr. Mukund Joshi for assisting you for this noble and useful research study.

Professor D.M. Nanjundappa,
Ex-chairman,
ICSSR, New Delhi
and
Ex-Deputy Chairman
State Planning Board, Govt. of Karnataka, Karnataka

प्राचीन कला में प्राचीन आचार की स्मृतियों को लिपिबद्ध करना मानव इतिहास की धरोहर को सुरक्षित रखने की दृष्टि से महत्त्वपूर्ण है। अभी तक लोककला की अनेक विधाएँ आँखों से ओझल हैं। भारतीय कला, भारतीय साहित्य, लोकाचार, परम्पराएँ तथा लोकवाङ्मय के परिप्रेक्ष्य में इन बिसरती हुई विधाओं का संरक्षण आवश्यक है।

यदि हम कलात्मक परंपराओं के लुप्तीकरण के प्रति जागरूक नहीं रहे तो निश्चय ही हमारी भावी पीढ़ी इन बहुमूल्य सांस्कृतिक निधियों से वंचित हो जाएगी और दोषी मौजूदा पीढ़ी ही मानी जाएगी।

भोजपुरी कलाओं के सामान्य एवं लुप्त होती पंक्तिपावन कलाओं के विशेष सन्दर्भ में एक अच्छे, आवश्यक और अछूते विषय के चुनाव और अध्ययन के लिए साधुवाद एवं बधाई।

-प्राफ़ेसर नी. पु. जोशी,
मानद आचार्य, ज्ञानप्रवाह,
वाराणसी-221005
एवं
भूतपूर्व निदेशक,
राज्य संग्रहालय, लखनऊ (उ.प्र.)

It is important to present the legacy of the traditional culture which can be traced from the Ancient Art and Rituals. It can be well done by recording the same in black and white. At the movement a number of aspects of the traditional folk-art are getting un-known to us. It is also necessary to preserve these different disciplines which can be gathered from Indian Art, Classical Literature, Folk-Traditions and vatious ways of Living which are swiftly being forgotten.

If we do not make any effort towards proper preserving and recording all these arts for future generations, none else but we shall be responsible for this heavy cultural loss.

My good wishes and congratulations to choose and study a good, essential and untouched research area of 'Bhojpuri Art' in general and Vanishing Paṅktipāvan Art in particular.

Professor N.P. Joshi
Honorary Acharya,
Jnanapravāha
Varanasi 221005
and
Ex-Director,
State Museum, Lucknow (U.P.)

"... यह समय के अनुरूप है और महत्त्वपूर्ण है कि लोककला और अभिप्रायों का, उनमें निहित दार्शनिक विश्वासों और समाजशास्त्रीय आचरणों का गहराई सहित अध्ययन किया जाय और अभिलिखित किया जाय, इसके पहले कि वे पूरी तरह बाजारीकरण और आधुनिकीकरण में खो जायें। डॉ. पाण्डेय ने स्पष्टतया और सुव्यवस्थित ढंग से अपने शोधकार्य, उसके उद्देश्यों और आँकड़ा संकलन की विधियों को बताया है। भागीदारी सहित अवलोकन और वस्तुनिष्ठ शोध का उनका आयोजन वास्तविक शोध में उनकी गम्भीर रुचि को बताता है। यह आयोजन कलाकारों से साक्षात्कार, पवित्र कलारूपों के आरेखन और उनके प्रतीकात्मक संरूपणों का संग्रह तथा शोध-संसार में कला और गायन में रत महिलाओं से विषय केन्द्रित साक्षात्कारों से बना है। आजकल ऐसे लोग कम ही हैं जो इस प्रकार का शोध कर सकें। इस शोध के लिए डॉ. पाण्डेय को प्रोत्साहित किया जाना चाहिए, क्योंकि यह समयानुकूल है और कई तरह से इसे शीघ्र करना अनिवार्य कहा जा सकता है।

-प्रोफ़ेसर योगेन्द्र सिंह
जवाहरलाल नेहरू विश्वविद्यालय
नई दिल्ली-110067

".....It is important and timely that an indepth study of folk-art and motifs along with the underlying philosophical and sociological beliefs and practices is undertaken and put on record before they entirely vanish in the process of marketisation and modernization. Dr. Pandey has clearly and meticuluously spelled out his research work, its objectives and methods of data collection. His plans for participant observations and objective research study show his keen interest towards a real research. These plans are to interview with artists, collection of drawings of sacred art forms and their symbolic representation, focused interviews with art and song performing ladies artists in the universe of the research. Now a days such a rare student performing on his research like this research work. Dr. Pandey should positively be encouraged to undertake the research which is timely and in many ways urgent.

Professor Yogendra Singh
Jawaharlal Nehru University
New Delhi-110067

यह विषय शोध करने योग्य है। पंक्तिपावन ब्राह्मण एक अलग ही समुदाय है जिनके आचरण और विश्वास अलग ही हैं। उस समुदाय की लोककला में उनकी स्त्रियों का घनिष्ठ अवदान है। बहुत से प्राचीन आचार उनके द्वारा सुरक्षित हैं। साथ ही यह भी स्पष्ट है कि इस समुदाय को सामाजिक परिवर्तनों ने भी प्रभावित भी किया है। ये प्रायः उनके सांस्कारिक कृत्यों से जुड़े हैं और उनके कुछ अर्थ हैं, जिन्हें इसके पहले ही समझना उचित है कि वे समाप्त हो जाएँ या बिल्कुल बदल जाएँ। इस बुनियादी अध्ययन में जो प्रश्न लेखक ने उठाये हैं, वे निश्चय ही यह प्रयास करते हैं। संक्षेप में, मैं इस अध्ययन का स्वागत करती हूँ, जो निश्चय ही हमारी सांस्कृतिक विरासत को सँजोने में उपयोगी है।

-प्रोफेसर लीला दुबे
समाजविज्ञानी और
भूतपूर्व निदेशक,
आई.सी.एस.एस.आर. नई दिल्ली

The Study is worth undertaking. The Paṇktipāvan Brahmins are an execlusive groups, with exclusive practices and beliefs. The folk-art involves their women closely. They retain many of the practices. At the same time, there is no doubt that the Group has not remained imprevious to the changes in the society. These are often related to their rituals and has meaning which should be understood before they vanish or undergo much changes. The questions, posed by the author in his essential study, certainly plan to make this effort. In brief, I appreciate the study which is certainly useful to preserve our cultural heritage.

Professor Leela Dubey,
Sociologist and
Ex-Director
ICSSR, New Delhi

लोककला तथा लोकाचार का सम्बन्ध नितान्त मार्मिक एवं अन्योन्याश्रित है। किसी संस्कृति को पूर्णरूपेण समझने के लिए इन दोनों पक्षों का समझना आवश्यक है। लोककला को लोकाचार से जोड़कर अध्ययन करना परियोजना की एक बड़ी विशेषता है।

मुझे सम्पूर्ण परियोजना बहुत अच्छी और आवश्यक लगी। एक सार्थक परियोजना बनाने और सूक्ष्म अवलोकन सहित अध्ययन करने के लिए मेरी बधाई स्वीकार करें।

-प्रोफ़ेसर वैद्यनाथ सरस्वती,
निदेशक, एन.के. बोस मेमोरियल फाउंडेशन,
वाराणसी एवं *पूर्व वरिष्ठ सलाहकार,*
इन्दिरा गांधी कला एवं संस्कृति केन्द्र,
नई दिल्ली

The relation of Folk Art and Folk-Conduct is very sensitive and interdependent. It is very much essential to understand both these aspects just to understand any culture. It is a very much positive merit of research project to study with a link of Folk-Art to Folk-Conduct.

I liked very much the complete project along with its utility. Please accept my congratulations for preparation of meaningful project and its micro observation oriented study.

Professor B.N. Saraswati
Director, N.K. Bose Memorial Foundation, Varanasi and *Ex-Senior* Consultant
Indira Gandhi Art & Culture Centre,
New Delhi

डॉ. प्रेमप्रकाश पाण्डेय का अध्ययन हमारी कला-परम्परा के एक अत्यन्त जीवन्त और मोहक पक्ष से सम्बन्ध रखता है, जिसका ग्रामीण भारत से विशेष सम्बन्ध है। हमारे देश में कलात्मक अभिव्यक्ति का सामान्य जन के दैनन्दिन जीवन से सदा निकट का सम्बन्ध रहा है और वह केवल एक विशिष्ट अभिजात वर्ग की विशिष्ट गतिविधि मात्र नहीं रही है। प्रकृति और सर्जनात्मक अभिव्यक्ति के रूपों के बीच इस सम्बन्ध का अध्ययन, चाहे वह छोटे से समुदाय में ही क्यों न किया गया हो, हमारे देश में चल रहे व्यापक सांस्कृतिक और कलात्मक व्यापार को समझने में एक अधिक व्यापक भूमिका निभायेगा। इस परियोजना में डॉ. पाण्डेय ने जिस विशिष्ट क्षेत्र और जिन विशिष्ट कलारूपों को शामिल किया है वे न केवल अपने आप में दिलचस्प और महत्त्वपूर्ण हैं, अपितु हमारे देश के कई क्षेत्रों की कलात्मक अभिव्यक्ति से मिलते-जुलते हैं।

यह अध्ययन इसलिए भी महत्त्वपूर्ण है कि ये कला-अभिव्यक्तियाँ या तो मर रही हैं या विकृत हो रही हैं और जिन सामाजिक संरचनाओं में उनका आचार बचा है, अब उनके सामाजिक-आर्थिक कारणों से समाप्त हो रहा है।

यह अध्ययन आवश्यक है, बुनियादी है और पूरी तरह अपने आप में महत्त्वपूर्ण है।

-प्रोफ़ेसर इन्द्र देव
समाजविज्ञानी और सामाजिक नृतत्त्वशास्त्री
रायपुर, छत्तीसगढ़

Dr. Prem Prakash Pandey's study seems to be related to a very vital and fascinating aspect of our artistic tradition, particularly in the country side Artistic expression in our country has always been closely related to every day existence of ordinary people rather than an esoteric activity of an exclusive elite group. A study of this relationship between the nature and forms of creative expression and every-day life and activities of even in small social segment can and will contribute significantly to a wider appreciation and understanding of the wider cultural and artistic processing in this country. The specific area and artistic forms which Dr. Pandey has included in his project are not only interesting and significant in themselves, but are similar to artistic expression in many other parts of our country.

The study is additionally important because these forms of expression are dying out or being distorted and the social formations in which they were paractised are fast disappearing for various socio-economic reasons.

The study is worthy, essential and important in itself all the way.

Professor Indra Deva
Sociologist & Social Anthropologist
Raipur, Chhattisgarh

अनुक्रमणिका Index

अनुक्रमणिका

अग्रवाल वासुदेव शरण, 25
अजन्ता के भित्ति चित्र, 18
अल्पना कला, 19
आभार, 23
आधुनिकता का प्रभाव लोक कलाओं पर, 67
उपाध्याय, 41
उपाध्याय, कृष्णदेव, 69
उत्तरांचल लोक संस्कृति, 42
एकादशी चउक भूमिचित्र, 48
अंगों के शृंगार का प्रचलन, 61
कला एवं गीतों
- की देन, 15
- श्रेणी, 15
- का लक्ष्य, 17

कला, 39
- परम्परा, 39
- प्रकारों का विश्लेषण, 46
- परिवर्तन, 12
- संबोध, 9

कलाओं की सूची, 135-42
कहला अभिलेख, 42
कामसूत्र (वात्स्यायन), 135-37
कार्तिकी एकादशीचउक, 49
कार्तिकी पूर्णिमाचउक भूमिचित्र, 48
किशोरी देवी, 5, 53, 55-56
गुप्त नत्थूलाल, 68
गोविन्दचंद्र (गाहड़वाल शासक), 42
गणेश श्री, 5
गीत गोविन्द, 62
गौड़, रामदास, 69
गंगालहरी, 62, 69-70
ग्रामों के नाम, 127-132
चतुर्वेदी, प्रोफेसर शैलनाथ, 69
चन्दन चौक, 18
चउकपूरन (भूमिचित्र), 46 चौपाई, 28
जगन्नाथ पंडितराज, 62, 70

Index

Abhar (gratitude), 23
Agrawal, Vasudev Sharan, 25
Ajanta caves wall paintings, 18
Alpana Art, 19
Ancient books mentioning
- art forms, 46
- adornment of women, 61

Ancient Indian art, 39
- development, 17

Art, 39
- concept, 9
- forms discussed, 46
- changes in, 12
- and culture, 12
- evolution, word meaning, 41

Art and songs
- contribution to society, 16
- objectives, 17

Bala Kanda - Ramacaritmanasa, 30
Bhoja leaves, Bhoja Patra, 63
- Thopā, 66

Bhojpuri Paṅktipāvan Culture/Art, 90
- Folklore, songs, 22, 39

Body decoration tradition, 61
Brides decoration in panktipavanas, 62-63
Caupāyī, 28
Chandan Chauk, 18
Chauk Puran (Floor Pattern), 46
Chaturvedi, Shailnath, 69
Colour Photographs (plates – see list of plates pgs 35 to 38), 72-123
Culture
- definition, 11
- concept, 15

Deergha Shringar, 61
Deva, Prof Indra–opinion, 150
Doctoral Research of author, 20
Dubey Prof Leela (I.C.S.S.R.) opinion 148
Duncan, 15
Ekadasi Chauk – Floor Pattern, 48

जनेऊ
- के कपास के सूत, 52
- बनाने की प्रक्रिया, 53
- त्रि-आयामी आकृतियाँ बनाने की प्रक्रिया, 55-56
- विभिन्न आकृतियाँ, 58

जयदेव-*गीत गोविन्द*, 62
जानवर, पौधे, पेड़ और लोक कला, 17
जायसी (महाकवि) के शृंगार पर दोहे, 61, 69
जोशी प्रोफ़ेसर नी. पु. अभिमत, 146
जोशी प्रोफ़ेसर मु.नी., 30, 123
थोपा कला, 60, 63
दीर्घ शृंगार, 61
दुबे प्रोफ़ेसर लीला-आई. सी. एस. एस. आर. अभिमत, 150
धर्म और लोककला, 17
नगरीय संस्कृति, 11
नंजुनदप्पा प्रोफेसर डी.एम, आई. सी. एस. एस. आर. अभिमत, 145
पाण्डेय हेमलता (कलाकत्री), 66
पटिया थोपा (वधू के बालों का शृंगार), 66
पीएच डी-लेखक की, 20
पूर्णिमा चउक भूमि चित्र, 46
प्राचीन भारतीय कला, 17, 39
प्राचीन ग्रन्थ जिनमें
- कलाओं का उल्लेख है, 46
- सोलह शृंगार का अध्ययन, 61

पंक्तिपावन कोहबर (काग़ज पर), 51
पंक्तिपावन समुदाय, 20-21
- परिवार, 44
- बदलाव, 44-42
- कला खजाना अध्ययन, 20
- आचार-विचार, 21
- कलाओं का संरक्षण, 21

बालकाण्ड रामचरितमानस, 30
भारत की पहचान अपने रत्नों की विदेशी हालमार्क के पूर्व, 19
भारतीय लोककला
- प्रभावित करने वाले देवी-देवता, पेड़-पौधे, 17

भारतीय सामाजिक विज्ञान अनुसंधान परिषद, नई दिल्ली, 25
भित्तिचित्र, 50
शुभ अवसर जिन पर नाम, 50
भूर्जपत्र, 63
- थोपा, 66

भोजपुरी पंक्तिपावन संस्कृति, कला संस्कार, लोकगीत, 22, 39
मिश्र डा. विद्यानिवास, 24

Folk/Arts/Songs, 15, 41
- Disappearance—causes, 65

Folk-word meaning, 41
Ganesha Lord, 5
Gangalahari, Panditraj Jagannath, 62, 69
Gita Govind, 62
Govind Chandra (Gharwal King), 42
Gaur, Ramdas, 69
Gratitude, 24
Gupta, Natthulal, 68
- ICSSR, New Delhi, 25

Indian Folk art
- animals folk art gods, plants influencing, 17

Indian recognition of its gems the western effect, 19
Jagannath, Panditaraja, 62
Janeu making
- Patterns-geometric—55
- Collection, 59
- Process, 53
- Multi Shapes, 56-58

Jeneu-aiuthan or Yagyopavita Art (sacred thread work), 52
Jayadeva's – *Gita Govinda*, 62
Jayasi (poet) classification of adornment in verse, 61, 69
Joshi Prof N.P.—opinion, 146
Kahla inscription, 42
Kamsutra (Vatsyana), 135-37
Kartiki Ekadasi Chauk Floor Pattern, 49
Kartiki Full Moon Day Floor Pattern, 48
Kishori Devi Smt., 5, 53, 55-56
Ksheena Shringar, 61
Lanzer, 69
Laghu Shringar, 61
List of Arts, 135-42
List of Plates
- Coloured, 36-38
- Black and white, 35

Likhaui (wall decoration or Fresco), 56
Madhubani art,
Mahabharat/Vanaparva Aranyaparva, 8
Manusmriti, 52, 69
Marriage in Panktipavans, 45
Mishra Dr. Vidya, 24
Modernization impact on Folk art, 67
Mukherjee, 39-40

हाभारत/वनपर्व/अरण्यपर्व, 8
धुबनी कला, 18
हिलाएँ पंक्तिपावन समुदाय, 45-46
ानव विज्ञान, 11
ुखर्जी, 39-40
ुखर्जी राधाकमल, 15, 69
ुखर्जी राधा कुमुद, 69
नुस्मृति, 52, 69
डंकन, 15
योगेन्द्र सिंह प्रोफ़ेसर जे. एन. यू. अभिमत, 147
यज्ञोपवीत कला, 11, 52
- बनाने की प्रक्रिया, 53-55

ऋग्वेद काल, 40
रीड, हर्बर्ट, 69
रंगीन चित्रावली 72-123
रंगोली कला, 18
लघु शृंगार, 61
लिखनी (भित्तिचित्र), 50
लेंजर, 69
लोककला, 11, 41
- के लुप्तीकरण के कारण, 65

लोककलाएँ, लोकगीत, 15
- बचाना, 16

लोक-शब्द अर्थ, 41
लोकाचार, 11
वर्णव्यवस्था, 40
वधु का शृंगार पंक्तिपावन समुदाय, 62-63
विवाह पंक्तिपावन समुदाय, 45
वैदिक काल, 39
व्यास कृष्णद्वैपायन, 69
शिवराम शर्मा, 69
शिव तांडव स्तोत्र, 62
शिवानी जी-के भाव-सत्यजीत रे के आस्कर पुरस्कार के अवसर पर, 19
शुक्रनीतिसार (उशनस्); 138-42
शुक्राचार्य श्री, 15
शुक्ल, रामचन्द्र, 68
शोध क्षेत्र, 43
संस्कृति, 12
श्रीवास्तव, 41
श्रीवास्तव, हरिशचंद्र, 69
त्रिपाठी श्रीमती

Mukherji, Radha Kamal, 15, 69
Mukherji Radha Kumud, 69
Nanjundappa Prof. D.M. I.C.S.S.R opinion, 145
Panktipavan community, 20-21
- art, treasure, study, 20
- daily rituals, 21
- conservation of culture/art, 22
- families, 44
- Changes, 44-45
- Culture, 45

Panktipavan
- Kohabar (on paper), 51

Patiyā Thopā (Bride's head decoration), 66
Plants and trees influencing—Folk art, 18
Purnima Chauk floor pattern, 47
Rangoli Art, 19
Reed, Harbert, 69
Religion and art, 17
Research Area, 43
Rigvedic Period, 40
Secred Thread (Janeu-ainthar), 52
- Process of making, 53-54
- Process of making three dimensional patterns with *Janeu*, 55

Sample of research project, 26
Saraswati, Prof. B.N. —N.K. Bose Memorial Foundation, 15
- Opinion, 149

Sukranitisar (Usnas), 138-42
Sarayupar
- region, 42-43
- word, 42-43

Saryuparian Brahmins, 44
Sharma, Shivram, 69
Shivani's comments on the event of Oscar Award for Satyajit Ray, 19
Shiva Tandava Stotra, 62
Shrivastava, 41
Shrivastava, Harish Chandra, 69
Sindurdana ceremony, 63-64
Social symbols, 40
Subhara Shringar, 61
Sukracharya, Shree, 10

सरस्वती प्रोफेसर वैधनाथ एन.के. बोस मेमोरियल फाउंडेशन, 15

- अभिमत, 149

सरयूपारीण ब्राह्मण, 44

सरयूपार

- क्षेत्र, 42-43
- शब्द, 42-43

सिन्दूरदान प्रथा, 63-64

सुभर श्रृंगार, 61

सूर्य देव, 7

सैम्पल, 26

सोलह-श्रृंगार

- का प्रचलन, 61
- का अध्ययन, 61

संशोध, 15

- जया (कलाकर्त्री), 57
- दुर्गावती (कलाकर्त्री), 59

क्षीण श्रंगार, 61

Sun God, 7

Thopā Art, 60, 63-64

Tripathi Smt. Jaya (artist), 57

Tripathi Smt. Durgavati (artist), 59

Upadhyaya, 41

Upaddyaya, Krishnadev, 69

Urban Culture, 11

Uttaranchal folk culture, 42

Varna System, 40

Vedic period, 39

Village Names, 127, 131

Wall decoration or Fresco, 50

- Occasions named on, 50

Western recognition of Indians achievers distiction, 19

Women (Panktipavana community), 45

Yajyopaveet Kala, 11, 52

- Process of making, 53-55

Yogendra Singh Prof J.N.U. opinion, 147